教科書によく出る!

小学生の
ことわざ
絵《え》事《じ》典《てん》

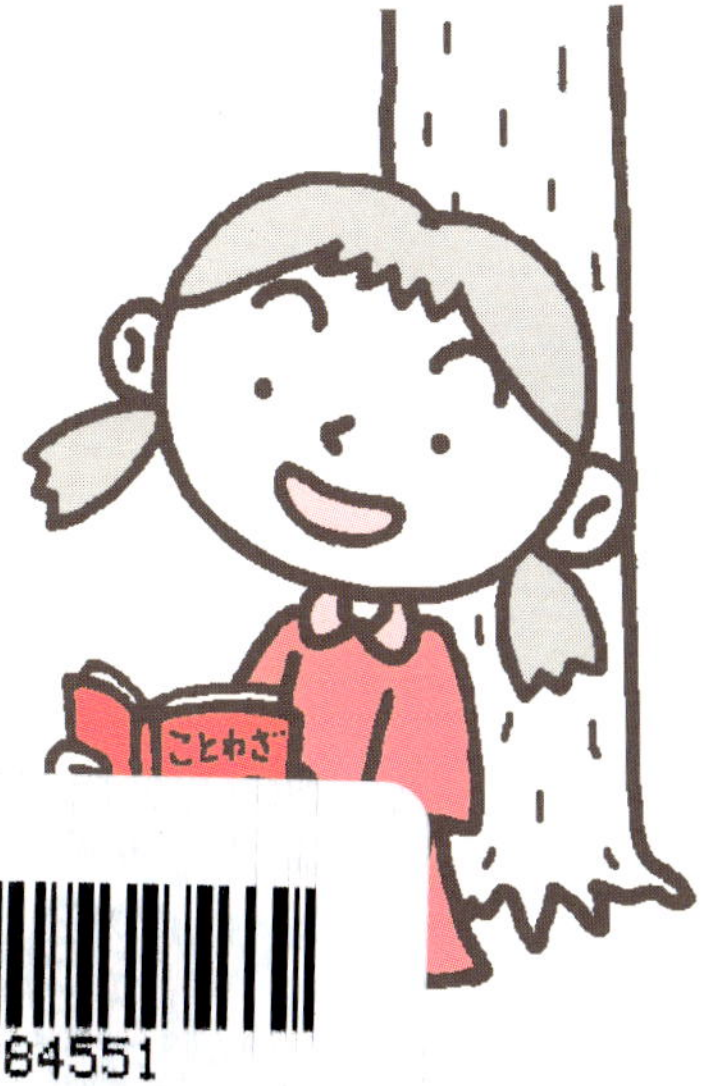

PHP

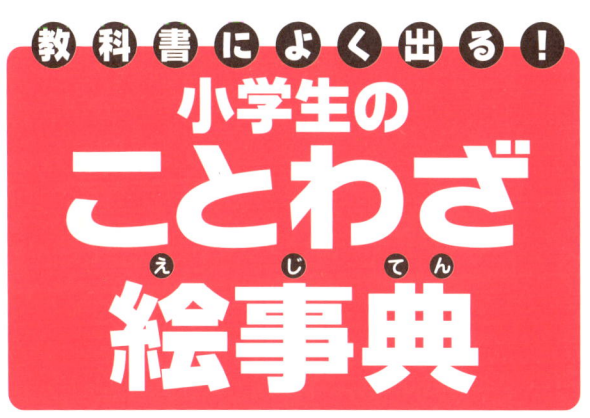

はじめに

ことわざは、短《みじか》い言葉《ことば》の中《なか》に、よりよく生《い》きるための知恵《ちえ》がつまっています。だから、役《やく》に立《た》ちます。

だれでも、初《はじ》めてのことをするのは不安《ふあん》なものです。そんなとき、「案《あん》ずるより産《う》むがやすい」ということわざが、行動《こうどう》する勇気《ゆうき》をあたえてくれます。たとえ失敗《しっぱい》しても、「失敗《しっぱい》は成功《せいこう》のもと」ということわざが、はげましと知恵《ちえ》をあたえてくれます。

ことわざは、人《ひと》に勇気《ゆうき》や知恵《ちえ》をあたえてくれる、まさに「ことばのわざ」なのです。

この本《ほん》は、教科書《きょうかしょ》に出《で》てくるものを中心《ちゅうしん》に、二四二のことわざをのせました。絵《え》やまんがから、意味《いみ》や使《つか》い方《かた》を楽《たの》しく知《し》ることができます。また、例文《れいぶん》、似《に》た意味《いみ》・反対《はんたい》の意味《いみ》のことわざ、ことわざに関《かん》する豆知識《まめちしき》を、くわしく、わかりやすく示《しめ》しました。自由研究《じゆうけんきゅう》や中学入試《ちゅうがくにゅうし》にも、心強《こころづよ》い味方《みかた》になってくれます。

「ことわざはおもしろい」「ことわざは楽《たの》しい」。この本《ほん》を読《よ》んだみなさんは、きっとそう感《かん》じることでしょう。

この本《ほん》の使《つか》い方《かた》

見出《みだ》し語《ご》 覚《おぼ》えてほしいことわざです。

意味 ことわざの意味《いみ》を説明《せつめい》しています。

使い方 ことわざを使《つか》った例文《れいぶん》をとりあげています。

類 見出《みだ》し語《ご》と似《に》た意味《いみ》のことわざ。
反 見出《みだ》し語《ご》と反対《はんたい》の意味《いみ》のことわざ。
関 見出《みだ》し語《ご》に関係《かんけい》のあることわざ。

見出《みだ》し語《ご》のことわざと、どのような関係《かんけい》があるのかを表《あらわ》しています。

関 去《さ》る者《もの》⬇去《さ》る者《もの》は日々《ひび》にうとし

イラスト ことわざを使《つか》う場面《ばめん》を、セリフつきの絵《え》で提示《ていじ》しています。

豆ちしき ことわざのいわれや、もとになる話《はなし》、難《むずか》しい言葉《ことば》などの、くわしい解説《かいせつ》をしています。

去る者は追わず
意味
自分のところから、はなれていこうとする人は、無理に引きとめない、という意味。
使い方
クラスに何人か、つり仲間がいる。夏の終わりから、三人がサッカーを始めたので、つりに来なくなったけれど、「去る者は追わず」で、別に気にしていない。
関
去る者⬇去る者は日々にうとし
親しかった人でも、遠くはなれてしまい、顔を合わせないようになると、親しい気持ちがだんだんうすれてしまう、ということ。
豆ちしき
「去る者は追わず、来る者はこばまず」と、続けて言うこともあるよ。自分をしたってやって来る人は、だれでも受け入れる、という意味が加わるんだ。昔の中国の有名な学者、孟子の言葉だよ。
40
ぼく、やっぱり野球部に入るよ。
引きとめてくれないかなぁ……。
元気でね。
じゃあな。
去る者は、追いかけてほしいときもある。
41

もくじ

さあ、やってみよう

案《あん》ずるより産《う》むがやすい …… 10
石《いし》の上《うえ》にも三年《さんねん》 …… 12
青《あお》は藍《あい》より出《い》でて藍《あい》より青《あお》し …… 14
雨垂《あまだ》れ石《いし》をうがつ …… 15
虎穴《こけつ》に入《い》らずんば虎子《こじ》を得《え》ず …… 16
歳月人《さいげつひと》を待《ま》たず …… 18
一年《いちねん》の計《けい》は元旦《がんたん》にあり …… 20
絵《え》にかいたもち …… 21
善《ぜん》は急《いそ》げ …… 22
千里《せんり》の道《みち》も一歩《いっぽ》より …… 24
好《す》きこそ物《もの》の上手《じょうず》なれ …… 26
玉《たま》みがかざれば光《ひかり》なし …… 27
ちりも積《つ》もれば山《やま》となる …… 28
百聞《ひゃくぶん》は一見《いっけん》にしかず …… 30
読書百《どくしょひゃっ》ぺん意《い》おのずから通《つう》ず …… 32
習《なら》うより慣《な》れろ …… 33
まかぬ種《たね》は生《は》えぬ …… 34
桃栗三年柿八年《ももくりさんねんかきはちねん》 …… 35
コラム 体《からだ》のことわざ …… 36
まんが 言《い》うは易《やす》く行《おこな》うは難《かた》し …… 38

みんないっしょに

去《さ》る者《もの》は追《お》わず …… 40
親《した》しき中《なか》にも礼儀《れいぎ》あり …… 42
縁《えん》の下《した》の力持《ちからも》ち …… 44

己《おのれ》の欲《ほっ》せざるところは
人《ひと》に施《ほどこ》すことなかれ……45
立《た》つ鳥《とり》あとをにごさず……46
能《のう》ある鷹《たか》はつめをかくす……48
恩《おん》を仇《あだ》で返《かえ》す……50
けんか両成敗《りょうせいばい》……51
人《ひと》の口《くち》に戸《と》は立《た》てられぬ……52
人《ひと》のふり見《み》てわがふり直《なお》せ……54
三人寄《さんにんよ》れば文殊《もんじゅ》の知恵《ちえ》……56
朱《しゅ》に交《まじ》われば赤《あか》くなる……57
仏《ほとけ》の顔《かお》も三度《さんど》……58
無理《むり》が通《とお》れば道理《どうり》引《ひ》っこむ……60
袖《そで》ふり合《あ》うも他生《たしょう》の縁《えん》……62
門前《もんぜん》の小僧習《こぞうなら》わぬ経《きょう》を読《よ》む……63
コラム 動物《どうぶつ》のことわざ……64

まんが 情《なさ》けは人《ひと》のためならず……66

なるほど、なるほど

急《いそ》がば回《まわ》れ……68
馬《うま》の耳《みみ》に念仏《ねんぶつ》……70
青菜《あおな》に塩《しお》……72
暑《あつ》さ寒《さむ》さも彼岸《ひがん》まで……73
帯《おび》に短《みじか》したすきに長《なが》し……74
芸《げい》は身《み》を助《たす》ける……76
うそも方便《ほうべん》……78
聞《き》いて極楽《ごくらく》見《み》て地獄《じごく》……79
灯台《とうだい》もと暗《くら》し……80
花《はな》よりだんご……82
過《す》ぎたるはなお及《およ》ばざるがごとし……84

大《だい》は小《しょう》をかねる …… 85
負《ま》けるが勝《か》ち …… 86
良薬《りょうやく》は口《くち》に苦《にが》し …… 88
出《で》る杭《くい》は打《う》たれる …… 90
念《ねん》には念《ねん》を入《い》れよ …… 91
火《ひ》のない所《ところ》にけむりは立《た》たぬ …… 92
焼《や》け石《いし》に水《みず》 …… 93
コラム 数字《すうじ》のことわざ …… 94
まんが 井《い》の中《なか》のかわず大海《たいかい》を知《し》らず …… 96

おっと、ご用心《ようじん》

口《くち》はわざわいの元《もと》 …… 98
後悔先《こうかいさき》に立《た》たず …… 100
一寸先《いっすんさき》はやみ …… 102
おぼれる者《もの》はわらをもつかむ …… 103
転《ころ》ばぬ先《さき》のつえ …… 104
さるも木《き》から落《お》ちる …… 106
聞《き》くは一時《いっとき》のはじ、聞《き》かぬは一生《いっしょう》のはじ …… 108
弘法《こうぼう》も筆《ふで》の誤《あやま》り …… 109
船頭《せんどう》多《おお》くして、船《ふね》、山《やま》に登《のぼ》る …… 110
とらぬたぬきの皮算用《かわざんよう》 …… 112
備《そな》えあればうれいなし …… 114
泣《な》き面《つら》に蜂《はち》 …… 115
飛《と》んで火《ひ》に入《い》る夏《なつ》の虫《むし》 …… 116
にがした魚《さかな》は大《おお》きい …… 118
生兵法《なまびょうほう》は大《おお》けがのもと …… 120
李下《りか》に冠《かんむり》を正《ただ》さず …… 121
コラム 外国《がいこく》のことわざ …… 122
まんが 二兎《にと》を追《お》う者《もの》は一兎《いっと》をも得《え》ず …… 124

へこたれないぞ

雨《あめ》降《ふ》って地固《じかた》まる …… 126
犬《いぬ》も歩《ある》けば棒《ぼう》に当《あ》たる …… 128
果報《かほう》はねて待《ま》て …… 130
窮《きゅう》すれば通《つう》ず …… 131
おごる平家《へいけ》は久《ひさ》しからず …… 132
勝《か》ってかぶとの緒《お》をしめよ …… 134
けがの功名《こうみょう》 …… 136
知《し》らぬが仏《ほとけ》 …… 137
苦《くる》しいときの神《かみ》だのみ …… 138
失敗《しっぱい》は成功《せいこう》のもと …… 140
人事《じんじ》をつくして天命《てんめい》を待《ま》つ …… 142
捨《す》てる神《かみ》あれば拾《ひろ》う神《かみ》あり …… 143
七転《ななころ》び八《や》起《お》き …… 144
待《ま》てば海路《かいろ》の日和《ひより》あり …… 146
人間万事塞翁《にんげんばんじさいおう》が馬《うま》 …… 148
残《のこ》り物《もの》に福《ふく》がある …… 149
楽《らく》あれば苦《く》あり …… 150
笑《わら》うかどには福来《ふくきた》る …… 151
コラム 衣《い》のことわざ …… 152
コラム 食《しょく》のことわざ …… 153
コラム 住《じゅう》のことわざ …… 154
まんが わざわいを転《てん》じて福《ふく》となす …… 155
さくいん …… 156

さあ、やってみよう

毎日《まいにち》の生活《せいかつ》の中《なか》では、初《はじ》めて挑戦《ちょうせん》することや、つらくても根気《こんき》よく続《つづ》けなくてはならないことが必《かなら》ずあるんだ。そんなときに、みんなをはげましたり、いましめたりしてくれることわざを、しょうかいするよ。

案《あん》ずるより産《う》むがやすい

意味

ものごとはあまり考《かんが》えすぎずに、ゆったりかまえてやってみると案外《あんがい》うまくいく、という意味《いみ》。

使い方

初《はじ》めてのマラソン大会《たいかい》で、最後《さいご》まで走《はし》り通《とお》せるかどうか心配《しんぱい》だった。すると、お母《かあ》さんが、「案《あん》ずるより産《う》むがやすい」と言《い》うよ、あれこれ考《かんが》えないで、とにかくチャレンジしてごらん、とはげましてくれた。

類

当《あ》たってくだけよ

成功《せいこう》するかどうかはわからなくても、とにかく思《おも》い切《き》ってやってみよう、ということ。

豆ちしき

「案《あん》ずるより産《う》むがやすし」とも言《い》うよ。「案《あん》ずる」は、あれこれ考《かんが》えるという意味《いみ》。赤《あか》ちゃんを産《う》む前《まえ》にはあれこれ心配《しんぱい》するけれど、産《う》んでみるとそれほど難《むずか》しくはなかった、ということがもとになっているんだ。

勇気《ゆうき》を出《だ》して話《はな》してみれば、案外《あんがい》気持《きも》ちが通《つう》じるものだ。

石《いし》の上《うえ》にも三年《さんねん》

意味

なにごとも、しんぼう強《づよ》く努力《どりょく》すれば、よい結果《けっか》が得《え》られるものだ、というたとえ。

使い方

いとこは、アメリカに住《す》んで三年《さんねん》になる。最初《さいしょ》は英語《えいご》がわからなくて学校《がっこう》で苦労《くろう》したが、今《いま》では優等生《ゆうとうせい》らしい。まさに「石《いし》の上《うえ》にも三年《さんねん》」で、努力《どりょく》した結果《けっか》だ。

関 石《いし》⇒石《いし》に立《た》つ矢《や》

強《つよ》い意志《いし》で何《なに》かを行《おこな》えば、できないことはない、というたとえ。石《いし》を虎《とら》と見《み》まちがえて勢《いきお》いよく矢《や》を射《い》たら、矢《や》が石《いし》につきささった、という話《はなし》からできたことわざ。

豆ちしき

冷《つめ》たい石《いし》の上《うえ》でも、じっと三年《さんねん》もすわり続《つづ》けていれば、温《あたた》まって、居心地《いごこち》がよくなる、という意味《いみ》から生《う》まれたんだ。「火《ひ》の中《なか》にも三年《さんねん》」「いばらの中《なか》にも三年《ねん》」とも言《い》うよ。「いばら」は、とげのある小《ちい》さな木《き》のことだね。

日々《ひび》の努力《どりょく》が実《み》を結《むす》ぶ。

青《あお》は藍《あい》より出《い》でて藍《あい》より青《あお》し

意味

教《おし》え子《ご》が、先生《せんせい》よりすぐれるようになることのたとえ。

使い方

ぼくのおじさんは、剣《けん》道《どう》五《ご》段《だん》なんだ。小《ちい》さいころから道場《どうじょう》に通《かよ》って、今《いま》では先生《せんせい》よりも上手《じょうず》なんだって。「青《あお》は藍《あい》より出《い》でて藍《あい》より青《あお》し」とは、このことだね。

類

氷《こおり》は水《みず》より出《い》でて水《みず》より寒《さむ》し

水《みず》からできた氷《こおり》は、もとの水《みず》よりも冷《つめ》たいことから、教《おし》え子《ご》が、先生《せんせい》よりすぐれるようになることのたとえ。

豆ちしき

昔《むかし》はよく、青色《あおいろ》の染料《せんりょう》を藍《あい》という草《くさ》からとっていたんだ。染《せん》料《りょう》のほうが、もとの藍《あい》よりもはるかに青《あお》いことから、このことわざができたんだよ。「出藍《しゅつらん》のほまれ」と言《い》うこともある。「ほまれ」は、めいよ、の意味《いみ》だよ。

雨《あま》垂《だ》れ石《いし》をうがつ

意味

どんなに小《ちい》さな力《ちから》でも、続《つづ》けて努力《どりょく》すれば大《おお》きな力《ちから》となり、よい結果《けっか》が得《え》られる、という意味《いみ》。

使い方

妹《いもうと》は算数《さんすう》が苦手《にがて》だったけれど、毎朝十分《まいあさじっぷん》、計算《けいさん》ドリルを続《つづ》けて得意科目《とくいかもく》にした。ついに学校《がっこう》のテストで百点《ひゃくてん》をとり、「雨垂《あまだ》れ石《いし》をうがつ」だ、と思《おも》った。

類

牛《うし》の歩《あゆ》みも千里《せんり》

たとえ牛《うし》のように歩《あゆ》みがおそくても、やがては遠《とお》く千里《せんり》まで行《い》くことができるように、こつこつ努力《どりょく》をしていれば、いつかは成果《せいか》があがる、という意味《いみ》。

豆ちしき

「うがつ」は、穴《あな》をあけるという意味《いみ》。雨垂《あまだ》れのような小《ちい》さなものでも、長《なが》い間《あいだ》には、固《かた》い石《いし》に穴《あな》をあけることができる、ということからできたことわざなんだ。「点滴石《てんてきいし》をうがつ」とも言《い》うよ。「点滴《てんてき》」は、しずくのことだよ。

虎穴《こけつ》に入《い》らずんば虎子《こじ》を得《え》ず

意味

ほしいものを手《て》に入《い》れるためには、危険《きけん》をおかす勇気《ゆうき》も必要《ひつよう》である、という意味《いみ》。

使い方

公園《こうえん》で野球《やきゅう》をしていて、ボールが近所《きんじょ》の家《いえ》の庭《にわ》に入《はい》ってしまった。あの家《いえ》のおじいさんはこわいけれど、「虎穴《こけつ》に入《い》らずんば虎子《こじ》を得《え》ず」だから、ボールをとらせてもらっていいか、勇気《ゆうき》を出《だ》してきくことにした。

反

君子《くんし》危《あや》うきに近寄《ちかよ》らず

人《ひと》がらや行《おこな》いが立派《りっぱ》な人《ひと》は注意深《ちゅういぶか》いので、自分《じぶん》から危険《きけん》なところに近《ちか》づいたりはしない、ということ。

豆ちしき

「虎穴《こけつ》」は虎《とら》のすむ穴《あな》、「虎子《こじ》」は虎《とら》の子《こ》のことで、「虎児《こじ》」とも書《か》くよ。虎《とら》の子《こ》をつかまえたいならば、おそろしい虎《とら》のすむ穴《あな》に入《はい》らなければならない、ということが、このことわざのもとになっているんだ。

ほしいものを手《て》に入《い》れるには、危険《きけん》をかくごしなければ……。

歳月《さいげつ》人《ひと》を待《ま》たず

意味

年月《ねんげつ》は人《ひと》の都合《つごう》や願《ねが》いなどかまわずに、どんどん過《す》ぎていく、という意味《いみ》。

使い方

いつものようにテレビゲームに熱中《ねっちゅう》していると、「歳《さい》月人《げつひと》を待《ま》たず」だよ、若《わか》いうちは、時間《じかん》を大切《たいせつ》にして勉強《べんきょう》しなさい、とおじいちゃんに言《い》われた。

類

光陰矢《こういんや》のごとし

月日《つきひ》が、まるで飛《と》ぶ矢《や》のように、あっという間《ま》に過《す》ぎ去《さ》ること。月日《つきひ》がたつのは、非常《ひじょう》に早《はや》いことのたとえ。

豆ちしき

年月《ねんげつ》がまたたく間《ま》に過《す》ぎ去《さ》っていくことをなげいた中国《ちゅうごく》の古《ふる》い詩《し》からできたことわざだよ。若《わか》いころから勉強《べんきょう》や仕事《しごと》に打《う》ちこみなさい、という教《おし》えがこめられているんだ。

子《こ》どもは、あっという間《ま》に成長《せいちょう》する。

一《いち》年《ねん》の計《けい》は元《がん》旦《たん》にあり

意味

ものごとを行《おこな》うには、初《はじ》めにきちんと計画《けいかく》を立《た》てるとよい、という教《おし》え。

使い方

今年《ことし》こそ、犬《いぬ》の散歩《さんぽ》と花《はな》の水《みず》やりを毎日続《まいにちつづ》けよう。「一年《いちねん》の計《けい》は元旦《がんたん》にあり」と言《い》うから、今《いま》から計《けい》画《かく》しておけば、絶対《ぜったい》にうまくいくような気《き》がするんだ。

関

計画《けいかく》➡一生《いっしょう》の計《けい》は少壮《しょうそう》の時《とき》にあり

一生《いっしょう》の計画《けいかく》は、若《わか》い時《とき》に立《た》てるのがよい、ということ。「少壮《しょうそう》」は、二十歳《にじっさい》から三十歳《さんじっさい》くらいまでをいう。

豆ちしき

その年《とし》の計画《けいかく》は、年《とし》の初《はじ》めの一月一日《いちがつついたち》に立《た》てるのがよい、というのがもとの意味《いみ》だよ。「一日《いちにち》の計《けい》は朝《あさ》にあり、一年《いちねん》の計《けい》は元旦《がんたん》にあり」と、続《つづ》けて言《い》うこともあるよ。一日《いちにち》の計画《けいかく》は、朝《あさ》のうちに立《た》てるのがよい、という意味《いみ》が加《くわ》わるんだ。

絵《え》にかいたもち

意味

計画《けいかく》は立派《りっぱ》でも、なんの役《やく》にも立《た》たず、実現《じつげん》の可《か》能性《のうせい》が少《すく》ないことのたとえ。

使い方

算数《さんすう》ぎらいの君《きみ》が、夏休《なつやす》みの算数《さんすう》の宿題《しゅくだい》をたった一日《いちにち》で終《お》わらせようなんて、そんな計画《けいかく》は「絵《え》にかいたもち」としか思《おも》えないなあ。

類

畳《たたみ》の上《うえ》の水練《すいれん》

畳《たたみ》の上《うえ》でいくら水泳《すいえい》の練習《れんしゅう》をしても、水《みず》に入《はい》ったときに少《すこ》しもうまくなっていないように、実際《じっさい》には役《やく》に立《た》たないことのたとえ。

豆ちしき

絵《え》にかいてあるもちは、いくらおいしそうでも、本当《ほんとう》に食《た》べることはできない、ということからできたことわざだよ。実際《じっさい》には役《やく》に立《た》たない、値打《ねう》ちがない、という場合《ばあい》に使《つか》われるんだ。

善《ぜん》は急《いそ》げ

意味

よいことは、気《き》が変《か》わったり、じゃまが入《はい》ったりしないうちに早《はや》くしたほうがよい、という教《おし》え。

使い方

近所《きんじょ》に新《あたら》しく引《ひ》っこして来《き》た家族《かぞく》がいる。同《おな》じ年《とし》ごろの女《おんな》の子《こ》がいるらしい。「善《ぜん》は急《いそ》げ」だ、今《いま》からあいさつに行《い》って、友《とも》だちになっておこう。

類

思《おも》い立《た》ったが吉日《きちじつ》

あることをしようと決心《けっしん》したら、すぐにとりかかるのがよい、ということ。「吉日《きちじつ》」は、「ものごとをするのによい日《ひ》、めでたい日《ひ》」という意味《いみ》。

豆ちしき

何《なに》かをしてみようと心《こころ》に決《き》めても、ぐずぐずしていると実行《じっこう》の機会《きかい》を失《うしな》ってしまうことから、こういったことわざが生《う》まれたんだ。「善《ぜん》は急《いそ》げ悪《あく》は延《の》べよ」（よいことは急《いそ》いでやり、悪《わる》いことは先《さき》に延《の》ばせ）と、続《つづ》けて言《い》うこともあるよ。

思《おも》い立《た》ったら、気《き》が変《か》わらないうちに始《はじ》めよう。

千里《せんり》の道《みち》も一歩《いっぽ》より

意味

どんなに大《おお》きな計画《けいかく》や事業《じぎょう》でも、手近《てぢか》な一《ひと》つ一《ひと》つの作業《さぎょう》から始《はじ》まる、ということ。

使い方

わたしは将来《しょうらい》、外交官《がいこうかん》になりたい。それには英語《えいご》が大《たい》切《せつ》だと聞《き》いたので、英会話《えいかいわ》スクールで英語《えいご》を習《なら》い始《はじ》めた。「千里《せんり》の道《みち》も一歩《いっぽ》より」だと思《おも》う。

類

高《たか》きに登《のぼ》るには低《ひく》きよりす

高《たか》いところに登《のぼ》るには、必《かなら》ず低《ひく》いところから登《のぼ》り始《はじ》めるように、ものごとを行《おこな》うには、最初《さいしょ》の一歩《いっぽ》から順序《じゅんじょ》をふんで進《すす》めていくべきである、ということ。

豆ちしき

一里《いちり》は昔《むかし》のきょりの単位《たんい》で、約四《やくよん》キロメートルのこと。「千里《せんり》」は長《なが》いきょりをたとえたものなんだ。千《せん》里《り》の大旅行《だいりょこう》も、足《あし》もとの一《いっ》歩《ぽ》から始《はじ》まる、という意味《いみ》からできたことわざだよ。「千里《せんり》の行《こう》も足下《そっか》より始《はじ》まる」とも言《い》うんだ。

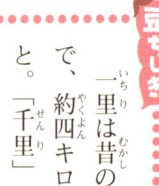

一歩《いっぽ》一歩《いっぽ》、目標《もくひょう》に向《む》かってがんばろう。

好《す》きこそ物《もの》の上手《じょうず》なれ

意味

好《す》きなことは熱心《ねっしん》にするので、いつの間《ま》にか上手《じょうず》になる、という意味《いみ》。

使い方

ピアノを習《なら》い始《はじ》めたお父《とう》さん。一年《いちねん》たったら妹《いもうと》よりも上手《じょうず》になった。お母《かあ》さんが言《い》うには、「好《す》きこそ物《もの》の上手《じょうず》なれ」だってさ。

反 **下手《へた》の横好《よこず》き**

下手《へた》なのに、それが好《す》きで熱心《ねっしん》なことのたとえ。「横《よこ》好《ず》き」は、上手《じょうず》でもないのに、むやみに好《す》きなことをいう。

豆ちしき

好《す》きになることが、上達《じょうたつ》への近道《ちかみち》だ、ということだね。自分《じぶん》が好《す》きなことは、おもしろいと感《かん》じるので、すすんで工夫《くふう》したり、努力《どりょく》したりして、いつの間《ま》にか自然《しぜん》にうまくなるものだ、という意味《いみ》だよ。

玉《たま》みがかざれば光《ひかり》なし

意味

どんなにすぐれた素質《そしつ》を持《も》っていても、努力《どりょく》をしなければ立派《りっぱ》な人《ひと》にはなれない、ということ。

使い方

ぼくは将来《しょうらい》、画家《がか》になりたい。絵《え》はもちろん得意《とくい》だけれど、「玉《たま》みがかざれば光《ひかり》なし」と言《い》うから、週《しゅう》に一度《いちど》、絵画教室《かいがきょうしつ》に通《かよ》っている。

類

艱難汝《かんなんなんじ》を玉《たま》にす

人間《にんげん》は困難《こんなん》や苦労《くろう》を経験《けいけん》して、それらを乗《の》りこえることによって、初《はじ》めて立派《りっぱ》な人物《じんぶつ》に成長《せいちょう》する、という意味《いみ》。

豆ちしき

美《うつく》しい宝石《ほうせき》も、みがかなければ、光《ひか》るようにならない、というのがもとの意味《いみ》だよ。どんな才能《さいのう》も、訓練《くんれん》したり勉強《べんきょう》したりすることで、初《はじ》めてその力《ちから》を発揮《はっき》するのだから、努力《どりょく》は大切《たいせつ》だ、という教《おし》えだね。

ちりも積《つ》もれば山《やま》となる

意味

わずかなものでも、積《つ》もれば大《おお》きくなるので、軽《かる》くみてはいけない、ということ。

使い方

クラス全員《ぜんいん》で、古切手《ふるきって》を集《あつ》めて寄付《きふ》する活動《かつどう》を始《はじ》めた。「ちりも積《つ》もれば山《やま》となる」で、みんなが協力《きょうりょく》したら、一《いっ》か月《げつ》で二百枚《にひゃくまい》も集《あつ》めることができた。

類

砂《いさご》も長《ちょう》じて巌《いわお》となる

大《おお》きな岩《いわ》も、もとは小《ちい》さな石《いし》や砂《すな》だったのだから、小《ちい》さなものごとをおろそかにしてはいけない、ということ。または、大《おお》きく成長《せいちょう》するまで長《なが》く栄《さか》えることのたとえ。

豆ちしき

「ちり」は、細《こま》かい土《つち》や砂《すな》、目《め》に見《み》えないほどの小《ちい》さなごみのことだよ。少《すこ》しのものでも、たまれば山《やま》のように非常《ひじょう》に大《おお》きくなるというたとえなんだ。お金《かね》をむだに使《つか》わずに、節約《せつやく》しよう、というときにも使《つか》うね。

小《ちい》さなものでも、こつこつためれば、いつか大《おお》きなものになる。

百聞《ひゃくぶん》は一見《いっけん》にしかず

意味

人《ひと》の話《はなし》を何度《なんど》も聞《き》くより、実際《じっさい》に自分《じぶん》の目《め》で一度《いちど》見《み》るほうが、本当《ほんとう》のことがよくわかる、ということ。

使い方

近所《きんじょ》の家《いえ》で飼《か》っているペットのことが、たぬきだ、くまみたいだと、いろいろうわさが立《た》っている。「百聞《ひゃくぶん》は一見《いっけん》にしかず」と言《い》うから、見《み》に行《い》ってみると、それはあらいぐまだった。

類

論《ろん》より証拠《しょうこ》

ものごとをはっきりさせるためには、口先《くちさき》で意見《いけん》を言《い》い合《あ》うよりも、証拠《しょうこ》を示《しめ》すのがいちばんよい、ということ。

豆ちしき

昔《むかし》、中国《ちゅうごく》での戦《たたか》いの時《とき》、せめ方《かた》をみんなで議論《ぎろん》していたところ、ある将軍《しょうぐん》が、「人《ひと》から聞《き》いたことをもとに、あれこれ作戦《さくせん》を立《た》てるより、敵《てき》の様子《ようす》を見《み》てくるのが先《さき》だ」と言《い》ったのが、このことわざの始《はじ》まりだよ。

自分《じぶん》の目《め》で確《たし》かめるのがいちばん。

読《どく》書《しょ》百《ひゃっ》ぺん意《い》おのずから通《つう》ず

意味

どのような難《むずか》しい本《ほん》でも、何《なん》度《ど》もくり返《かえ》して読《よ》めば、その意《い》味《み》がわかるようになる、ということ。

使い方

お父《とう》さんから借《か》りた科《か》学《がく》の本《ほん》は、とても難《むずか》しい。でも、「読《どく》書《しょ》百《ひゃっ》ぺん意《い》おのずから通《つう》ず」で、何《なん》度《ど》も読《よ》んでいたら、少《すこ》しずつわかるようになってきた。

関 **読《よ》む➡論《ろん》語《ご》読《よ》みの論《ろん》語《ご》知《し》らず**

昔《むかし》の中《ちゅう》国《ごく》の本《ほん》『論《ろん》語《ご》』の文《ぶん》章《しょう》は読《よ》めても、書《か》いてある精《せい》神《しん》をまるで理《り》解《かい》できていないこと。うわべの知《ち》識《しき》だけで、深《ふか》い内《ない》容《よう》を身《み》につけていないことのたとえ。

豆ちしき

「百《ひゃっ》ぺん」は、何《なん》回《かい》もくり返《かえ》すことを意《い》味《み》しているんだ。「意《い》」は、意《い》味《み》のことだね。あきらめずに、何《なん》度《ど》も挑《ちょう》戦《せん》する気《き》持《も》ちが大《たい》切《せつ》だよ。「読《どく》書《しょ》百《ひゃっ》ぺん義《ぎ》おのずからあらわる」とも言《い》うよ。

習《なら》うより慣《な》れろ

意味

本《ほん》で読《よ》んだり人《ひと》から習《なら》うよりも、自分《じぶん》で経験《けいけん》を積《つ》んだほうがよく覚《おぼ》える、ということ。

使い方

平泳《ひらおよ》ぎをマスターしたくて、水泳《すいえい》の本《ほん》を読《よ》んだけれど、よくわからなかった。結局《けっきょく》、プールで友《とも》だちのまねをしているうちに、自然《しぜん》にできるようになった。まさに、「習《なら》うより慣《な》れろ」だね。

類

経験《けいけん》は学問《がくもん》にまさる

実際《じっさい》に経験《けいけん》して学《まな》んだことは、学問《がくもん》として学《まな》んだことよりも、身《み》につくものである、ということ。

豆ちしき

ものごとは、読《よ》んだり聞《き》いたりする知識《ちしき》として習《なら》うよりも、何度《なんど》もくり返《かえ》して体《からだ》で覚《おぼ》えたほうが身《み》につく、ということだよ。机《つくえ》の上《うえ》の学問《がくもん》だけでは不十分《ふじゅうぶん》で、実際《じっさい》の経験《けいけん》が大切《たいせつ》だ、ということなんだ。

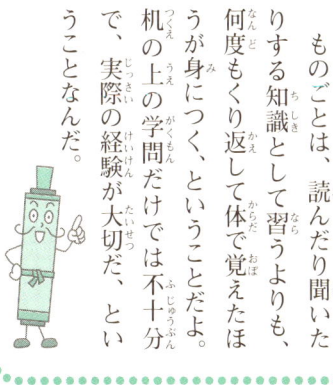

まかぬ種《たね》は生《は》えぬ

意味

何《なに》もしなければ、よい結果《けっか》は出《で》ないものであり、努力《どりょく》をおしんではならない、という教《おし》え。

使い方

テニスの練習《れんしゅう》をさぼってばかりいたら、大会《たいかい》ではあっさり負《ま》けてしまった。「まかぬ種《たね》は生《は》えぬ」と言《い》うのは本当《ほんとう》だった。

類 **春植《はるう》えざれば秋実《あきみの》らず**

何《なに》もしないでよい結果《けっか》だけを望《のぞ》んでもだめで、努力《どりょく》しなければ成果《せいか》は得《え》られない、ということのたとえ。

反 **果報《かほう》はねて待《ま》て**（⇩130ページ）

豆ちしき

土《つち》に種《たね》をまかなければ、花《はな》もさかないし、作物《さくもつ》もとれない、ということからできたことわざだよ。努力《どりょく》しなければ、何《なに》も生《う》まれないことをたとえるときに、よく使《つか》われるんだ。

桃《もも》栗《くり》三《さん》年《ねん》柿《かき》八《はち》年《ねん》

意味

なにごとかを成《な》しとげたり、身《み》につけるには、それなりの時間《じかん》が必要《ひつよう》である、というたとえ。

使い方

いとこがレストランでコックの修業《しゅぎょう》を始《はじ》めて、もう一年《いちねん》たつけれど、毎日皿洗《まいにちさらあら》いばかりしている。「桃栗三年柿八年《ももくりさんねんかきはちねん》」と言《い》うように、一人前《いちにんまえ》になるには、努力《どりょく》と根気《こんき》が必要《ひつよう》だ。

関

栗《くり》➡火中《かちゅう》の栗《くり》を拾《ひろ》う

他人《たにん》の利益《りえき》のために、あえて危険《きけん》をおかすことのたとえ。

豆ちしき

桃《もも》と栗《くり》は植《う》えてから実《み》がなるのに三年《さんねん》、柿《かき》は八年《はちねん》かかる、ということからできたことわざ。つまり、よい結果《けっか》が実《みの》るには、時間《じかん》がかかる、という意味《いみ》だね。

体《からだ》のことわざ

頭《あたま》かくしてしりかくさず

意味 都合《つごう》の悪《わる》いことを全部《ぜんぶ》かくしたつもりでも、一部分《いちぶぶん》が見《み》えているという意味《いみ》。きじは追《お》いかけられると草《くさ》むらの中《なか》に頭《あたま》をつっこんでかくれたつもりでいるが、尾《お》が外《そと》につき出《で》て丸見《まるみ》えになっていることから。

後足《あとあし》で砂《すな》をかける

意味 世話《せわ》になった人《ひと》のもとを去《さ》るときに、裏切《うらぎ》るだけでなく、去《さ》りぎわに迷《めい》わくや損害《そんがい》をあたえること。犬《いぬ》や馬《うま》などがかけ出《だ》すときに、後《うし》ろ足《あし》で土《つち》や砂《すな》をはね上《あ》げる様子《ようす》から。**類** **恩《おん》を仇《あだ》で返《かえ》す**（⇩50ページ） **反** **立《た》つ鳥《とり》あとをにごさず**（⇩46ページ）

かべに耳《みみ》ありしょうじに目《め》あり

意味 だれも聞《き》いていないと思《おも》っても、かべに耳《みみ》をあてて聞《き》かれているかもしれないし、だれも見《み》ていないと思《おも》っても、しょうじに穴《あな》をあけて見《み》られているかもしれない。ないしょ話《ばなし》はばれやすいので、用心《ようじん》しなければならない、ということ。

背《せ》に腹《はら》は代《か》えられぬ

意味 大事《だいじ》なことのためには、ほかのことはぎせいにしてもしかたがない、というたとえ。腹《はら》には大事《だいじ》な内臓《ないぞう》がつまっており、腹《はら》を守《まも》るためには、背《せ》を身《み》代《が》わりにするのはしかたがない、ということから。

手塩《てしお》にかける

意味 自分《じぶん》で世話《せわ》をして大切《たいせつ》に育《そだ》てること。「手塩《てしお》」とは、自分《じぶん》で好《この》みの味付《あじつ》けができるように手《て》もとにおいた塩《しお》のことで、その塩《しお》でいろいろ味《あじ》を付《つ》けるように、あれこれめんどうをみる、ということから。

のどもと過《す》ぎれば熱《あつ》さを忘《わす》れる

意味 ①つらいことも、過《す》ぎてしまえば忘《わす》れてしまう、②苦《くる》しいときに人《ひと》から受《う》けた恩《おん》も、自分《じぶん》が楽《らく》になると忘《わす》れてしまう、という意味《いみ》。どんなに熱《あつ》いものでも、飲《の》みこんでしまえば、そのときの熱《あつ》さを忘《わす》れてしまうことから。

のれんにうでおし

意味 何《なに》を言《い》っても、はりあいのないことのたとえ。「のれん」は屋号《やごう》などを染《そ》めぬいて、店先《みせさき》などに垂《た》らす布《ぬの》のこと。のれんを力《ちから》いっぱいおしても、なんの手《て》ごたえもないことから。

腹《はら》が減《へ》ってはいくさはできぬ

意味 おなかがすくと、力《ちから》が入《はい》らないので、何《なに》をするにも、まず腹《はら》ごしらえをしてからにしたほうがよい、という意味《いみ》。「いくさ」は、戦《たたか》いのこと。

実《みの》るほど頭《こうべ》を垂《た》れる稲穂《いなほ》かな

意味 学問《がくもん》や人格《じんかく》が備《そな》わってくればくるほど、かえってひかえめで、えらそうな態度《たいど》をとらないことをいう。稲穂《いなほ》は実《みの》るにつれて重《おも》くなり、穂先《ほさき》が垂《た》れることから。「実《みの》る稲田《いなだ》は頭《こうべ》を垂《た》れる」とも言《い》う。

目《め》くそ鼻《はな》くそを笑《わら》う

意味 自分《じぶん》の欠点《けってん》には気《き》づかないで、ほかの人《ひと》の欠点《けってん》をばかにして笑《わら》うのは、かえってみにくい、という意味《いみ》。「目《め》くそ」は目《め》やにのこと。自分《じぶん》もきたないのに、相手《あいて》のことをきたないと笑《わら》う様子《ようす》から。

目《め》の上《うえ》のたんこぶ

意味 自分《じぶん》より立場《たちば》や能力《のうりょく》が上《うえ》で、なにかと目《め》ざわりでじゃまになる人《ひと》のたとえ。目《め》の上《うえ》にこぶがあると、気《き》になるし、ものが見《み》えにくいことから。

言《い》うは易《やす》く行《おこな》うは難《かた》し

意味

口《くち》で言《い》うのは簡単《かんたん》だが、言《い》ったことを実行《じっこう》するのは難《むずか》しい、という教《おし》え。

類 **口《くち》では大阪《おおさか》の城《しろ》も建《た》つ**

だれでも口先《くちさき》だけなら、大阪《おおさか》城《じょう》のような立派《りっぱ》な城《しろ》を建《た》てる、と大《おお》きなことが言《い》えるけれど、それを実際《じっさい》に行《おこな》うのは難《むずか》しい、という意味《いみ》。

何《なに》やってるの?
夏休《なつやす》みの宿題《しゅくだい》よ。ひまわりの観察《かんさつ》。
お兄《にい》ちゃん、遊《あそ》んでばっかりでだいじょうぶなの?
こう見《み》えても虫《むし》とり名人《めいじん》だから三日《みっか》もあればこん虫採集《ちゅうさいしゅう》なんかかるい、かるい。
夏休《なつやす》みも残《のこ》り三日《みっか》
うりゃ〜
たった一《いっ》ぴき?
ぼくがセミになってにげたい気分《きぶん》だよ。
パタパタ
ミ〜ン

みんないっしょに

みんなは、学校《がっこう》や家《いえ》で、どんなふうに周《まわ》りの人《ひと》とつきあっているかな？　ここに集《あつ》めたことわざは、周《まわ》りの人《ひと》との関係《かんけい》を言《い》い表《あらわ》したものだよ。友《とも》だちと仲良《なかよ》く、うまくやっていくための秘《ひ》けつもたくさんあるんだ。

去《さ》る者《もの》は追《お》わず

意味

自分《じぶん》のところから、はなれていこうとする人《ひと》は、無理《むり》に引《ひ》きとめない、という意味《いみ》。

使い方

クラスに何人《なんにん》か、つり仲間《なかま》がいる。夏《なつ》の終《お》わりから、三人《さんにん》がサッカーを始《はじ》めたので、つりに来《こ》なくなったけれど、「去《さ》る者《もの》は追《お》わず」で、別《べつ》に気《き》にしていない。

関

去《さ》る者《もの》⬇**去《さ》る者《もの》は日々《ひび》にうとし**

親《した》しかった人《ひと》でも、遠《とお》くはなれてしまい、顔《かお》を合《あ》わせないようになると、親《した》しい気持《きも》ちがだんだんうすれてしまう、ということ。

豆ちしき

「去《さ》る者《もの》は追《お》わず、来《きた》る者《もの》はこばまず」と、続《つづ》けて言《い》うこともあるよ。自分《じぶん》をしたってやって来《く》る人《ひと》は、だれでも受《う》け入《い》れる、という意味《いみ》が加《くわ》わるんだ。昔《むかし》の中国《ちゅうごく》の有名《ゆうめい》な学者《がくしゃ》、孟子《もうし》の言葉《ことば》だよ。

ぼく、やっぱり野球部《やきゅうぶ》に入《はい》るよ。
引《ひ》きとめてくれないかなぁ……。
元気《げんき》でね。
じゃあな。

去《さ》る者《もの》は、追《お》いかけてほしいときもある。

親《した》しき中《なか》にも礼儀《れいぎ》あり

意味

親《した》しい間《あいだ》がらでも、相手《あいて》に対《たい》する礼儀《れいぎ》を忘《わす》れてはならない、という教《おし》え。

使い方

今日《きょう》もまた、となりの人《ひと》にピンクのペンを借《か》りようとしたら、断《ことわ》られた。「親《した》しき中《なか》にも礼儀《れいぎ》あり」だよ、ずっと使《つか》うなら自分《じぶん》で買《か》ってほしい、と言《い》われた。

類

心安《こころやす》いは不和《ふわ》のもと

あまりに親《した》しい仲《なか》は、遠《えん》りょがなくなって、かえって仲《なか》たがいをするものだ、ということ。

豆ちしき

親《した》しくなりすぎると、おたがいに遠《えん》りょがなくなり、かえって仲《なか》が悪《わる》くなることになる、ということから生《う》まれたことわざだよ。「近《ちか》しき中《なか》に礼儀《れいぎ》あり」とも言《い》うんだ。

あー
それ、わたしの
マフラーじゃない。
もう！
いつもいつも
勝手《かって》に使《つか》って！
ただいま。

家族《かぞく》でも、人《ひと》のものを借《か》りるときは、一声《ひとこえ》かけよう。

縁《えん》の下《した》の力《ちから》持《も》ち

意味
人《ひと》の目《め》につかないところで、だれかのために力《ちから》をつくすこと。または、そのような人《ひと》。

使い方
クラス全員《ぜんいん》が参加《さんか》してつくり上《あ》げた劇《げき》が、コンクールで賞《しょう》をとった。出演《しゅつえん》した人《ひと》だけでなく、大道具係《おおどうぐがかり》や台本係《だいほんがかり》のような「縁《えん》の下《した》の力持《ちからも》ち」も、がんばったおかげだ。

関 力《ちから》⬇ **知恵《ちえ》と力《ちから》は重荷《おもに》にならぬ**
知恵《ちえ》と力《ちから》はいくらあってもじゃまにならないので、できるだけ多《おお》く身《み》につけるべきである、ということ。

豆ちしき
「縁《えん》の下《した》」は、家《いえ》のゆか下《した》や縁側《えんがわ》の下《した》のこと。ここはふだん、人《ひと》の目《め》につかないけれど、建物《たてもの》を支《ささ》えている土台《どだい》なんだ。そういう目立《めだ》たない場所《ばしょ》で全体《ぜんたい》を支《ささ》える、という意味《いみ》からできたことわざだよ。

己《おのれ》の欲《ほっ》せざるところは人《ひと》に施《ほどこ》すことなかれ

意味

自分《じぶん》が他人《たにん》からしてほしくないことは、他人《たにん》に対《たい》してもしてはいけない、という教《おし》え。

使い方

そうじ当番《とうばん》を人《ひと》におしつけたら、今度《こんど》は自分《じぶん》が同《おな》じことをされて、いやな気持《きも》ちがするとわかった。「己《おのれ》の欲《ほっ》せざるところは人《ひと》に施《ほどこ》すことなかれ」だ。

類

わが身《み》をつねって人《ひと》の痛《いた》さを知《し》れ

自分《じぶん》をつねると、人《ひと》がつねられるときの痛《いた》さがわかる。自分《じぶん》がそうなったときのことを考《かんが》えて人《ひと》を思《おも》いやれ、ということ。

豆ちしき

「己《おのれ》」は、自分《じぶん》のこと。「欲《ほっ》せざる」は、欲《ほっ》しない、望《のぞ》んでいないという意味《いみ》。「施《ほどこ》す」は、行《おこな》うと同《おな》じ意味《いみ》だよ。昔《むかし》の中国《ちゅうごく》の有名《ゆうめい》な学者《がくしゃ》、孔子《こうし》の言葉《ことば》なんだ。

立《た》つ鳥《とり》あとをにごさず

意味

立《た》ち去《さ》るときは、見苦《みぐる》しくないように、きちんと後始末《あとしまつ》をしておかなければならない、ということ。

使い方

もうすぐ卒業《そつぎょう》だから、野球《やきゅう》のクラブも今日《きょう》で引退《いんたい》だ。整《せい》最後《さいご》に、六年生全員《ろくねんせいぜんいん》で、クラブの道具《どうぐ》をみがいて、とんしよう。「立《た》つ鳥《とり》あとをにごさず」だ。

反 後《あと》は野《の》となれ山《やま》となれ

今《いま》さえよければ、後《あと》はどうなってもいい、するだけのことはしたから、後《あと》はどうにでもなれ、という意味《いみ》。

反 後足《あとあし》で砂《すな》をかける（⇩36ページ）

豆ちしき

水鳥《みずどり》は、飛《と》び立《た》つとき、水《みず》をにごさないで飛《と》んでいくことができるんだ。人間《にんげん》も、何《なに》かの理由《りゆう》で、今《いま》いるところを去《さ》るときには、その後《あと》で迷《めい》わくをかけないようにしておくことが大切《たいせつ》だね。

修学旅行《しゅうがくりょこう》、立《た》ち去《さ》る前《まえ》に、そうじしよう。

能《のう》ある鷹《たか》はつめをかくす

意味

すぐれた力《ちから》や才能《さいのう》を持《も》っている人《ひと》は、ふだんは、そのことを自《じ》まんしたりしない、ということ。

使い方

となりのクラスの木村《きむら》さんは、ふだんはおとなしいけれど、英語《えいご》スピーチコンテストに出《で》て入賞《にゅうしょう》したらしい。「能《のう》ある鷹《たか》はつめをかくす」だね。

類

大賢《たいけん》は愚《ぐ》なるがごとし
本当《ほんとう》に知恵《ちえ》のある人《ひと》は、自分《じぶん》の知恵《ちえ》をひけらかさないので、一見《いっけん》おろか者《もの》のように見《み》える、ということ。

豆ちしき

鷹《たか》は、するどいつめを持《も》っていて、えものをとるのが上手《じょうず》なんだ。でも、ふだんはその立派《りっぱ》なつめをかくしているんだよ。このことわざは、才能《さいのう》があっても見《み》せびらかさないように、というましめだね。「上手《じょうず》の鷹《たか》がつめかくす」とも言《い》うよ。

ありさちゃんって、
ふだんは男《おとこ》の子《こ》とばかり
遊《あそ》んでいるけど、実《じつ》は
生《い》け花《ばな》の名人《めいじん》なん
だって。
意外《いがい》……。

人《ひと》は見《み》かけだけでは、わからないものだ。

恩《おん》を仇《あだ》で返《かえ》す

意味

人《ひと》から親切《しんせつ》にしてもらったのに、ありがたく思《おも》うどころか、逆《ぎゃく》にひどいしうちをすること。

使い方

終業式《しゅうぎょうしき》の帰《かえ》り道《みち》、弟《おとうと》の荷物《にもつ》を持《も》ってあげたのに、とちゅうでおいてきぼりにされた。走《はし》っていく弟《おとうと》の後《うし》ろ姿《すがた》に、「恩《おん》を仇《あだ》で返《かえ》す」気《き》か？　と、さけんだ。

類 **後足《あとあし》で砂《すな》をかける**（⇩36ページ）

反 **仇《あだ》を恩《おん》で報《ほう》ずる**

うらみを持《も》って当然《とうぜん》の相手《あいて》をうらまず、かえって、親切《しんせつ》にすることをいう。「報《ほう》ずる」は、返《かえ》す、という意味《いみ》。

豆ちしき

「恩《おん》」は、人《ひと》から受《う》けた世話《せわ》や親切《しんせつ》のことだよ。「仇《あだ》」は、この場合《ばあい》、害《がい》になるようなこと、という意味《いみ》なんだ。このことわざは、略《りゃく》して「恩《おん》を仇《あだ》」と言《い》うこともあるよ。

けんか両成敗《りょうせいばい》

意味

けんかをした者《もの》は、どちらも悪《わる》いとして、両方《りょうほう》とも同《おな》じようにばっする、という考《かんが》え方《かた》。

使い方

妹《いもうと》とテレビのチャンネルのことで大《おお》げんかした。お母《かあ》さんからは、「けんか両成敗《りょうせいばい》」だと言《い》われ、二人《ふたり》ともしかられた。そのうえ、おしおきとして、今週《こんしゅう》はテレビを見《み》せてもらえなくなった。

関

けんか⬇相手《あいて》のないけんかはできぬ

けんかは、相手《あいて》がいなければできないのだから、争《あらそ》いの相手《あいて》にはなるな、といういましめ。

豆ちしき

「成敗《せいばい》」は処《しょ》ばつのことだから、両成敗《りょうせいばい》は、両方《りょうほう》をばっすることだね。昔《むかし》、武士《ぶし》の社会《しゃかい》では、けんかが起《お》こると、どちらも同《おな》じようにばっせられたことからできたことわざだよ。

人《ひと》の口《くち》に戸《と》は立《た》てられぬ

意味

世間《せけん》のうわさは、防《ふせ》ごうとしても、防《ふせ》ぐことができない、というたとえ。

使い方

となりの席《せき》の人《ひと》に、ここだけの話《はなし》だよと言《い》って、ないしょ話《ばなし》をしたら、午後《ごご》にはクラス全員《ぜんいん》に広《ひろ》まっていた。「人《ひと》の口《くち》に戸《と》は立《た》てられぬ」と言《い》うから、これからは、しんちょうになろう。

類

口《くち》から出《で》れば世間《せけん》

一度《いちど》しゃべってしまえば、どんな秘密《ひみつ》でも、広《ひろ》く世間《せけん》の人《ひと》に発表《はっぴょう》するのと同《おな》じだ、という意味《いみ》。

豆ちしき

「戸《と》を立《た》てる」は家《いえ》の入《い》り口《ぐち》の戸《と》を閉《し》める、ということ。戸《と》と同《おな》じようには、人《ひと》の口《くち》を閉《し》めることはできない、というのがもとの意味《いみ》だよ。ほかに、うわさについてのことわざには「人《ひと》のうわさも七十五日《しちじゅうごにち》」（⇩95ページ）などがあるね。

ぼくのこと うわさ してる？
タロー君《くん》は、ゆきちゃんのこと、好《す》きなんだって。
うそー。この前《まえ》、ありさちゃんが好《す》きだって言《い》ってたよ。
つまり気《き》が多《おお》いってこと！

うわさ話《ばなし》は、だれにも止《と》められない……？

人《ひと》のふり見《み》てわがふり直《なお》せ

意味

人《ひと》の姿《すがた》や行動《こうどう》を見《み》て、それらを参考《さんこう》に、自分《じぶん》の行《おこな》いを改《あらた》めよ、という教《おし》え。

使い方

スーパーの中《なか》を走《はし》り回《まわ》って、買《か》い物客《ものきゃく》に迷《めい》わくをかけている子《こ》どもがいる。「人《ひと》のふり見《み》てわがふり直《なお》せ」だ、あんな行儀《ぎょうぎ》の悪《わる》いことはやめよう。

類

他山《たざん》の石《いし》

よその山《やま》の値打《ねう》ちのない石《いし》も、自分《じぶん》の宝石《ほうせき》をみがくのには役立《やくだ》つように、人《ひと》の失敗《しっぱい》でも、自分《じぶん》をみがく反省《はんせい》の材料《ざいりょう》になる、という意味《いみ》。

豆ちしき

「ふり」は、態度《たいど》や行《おこな》いのことをいうよ。自分《じぶん》のことは、自分《じぶん》ではよくわからないものなんだ。だから、人《ひと》の行動《こうどう》を見《み》て、自分《じぶん》の行《おこな》いを正《ただ》しなさい、という意《い》味《み》だよ。

人《ひと》のふり見《み》て、自分《じぶん》を見直《みなお》そう。

三人《さんにん》寄《よ》れば文殊《もんじゅ》の知恵《ちえ》

意味

特別《とくべつ》すぐれた人《ひと》ではなくても、三人集《さんにんあつ》まって相談《そうだん》すれば、名案《めいあん》が浮《う》かぶものだ、ということ。

使い方

となり町《まち》の図書館《としょかん》に友《とも》だちと三人《さんにん》で出《で》かけたら、とちゅうで道《みち》に迷《まよ》ってしまった。でも、みんなで案内板《あんないばん》や目印《めじるし》を手《て》がかりにして、なんとか目的地《もくてきち》にたどり着《つ》いた。「三人寄《さんにんよ》れば文殊《もんじゅ》の知恵《ちえ》」だ。

関

三人《さんにん》⬇三人《さんにん》行《おこな》えば必《かなら》ずわが師《し》あり

三人《さんにん》で何《なに》かをすれば、必《かなら》ずその中《なか》に手本《てほん》となる人《ひと》がいるので、よいと思《おも》ったら見習《みなら》いなさい、という教《おし》え。

豆ちしき

「文殊《もんじゅ》」は、知恵《ちえ》のすぐれた文殊菩薩《もんじゅぼさつ》のことだよ。ふつうの人《ひと》でも三人《さんにん》いれば、文殊《もんじゅ》のようによい知恵《ちえ》が浮《う》かぶ、という教《おし》えだね。「三人寄《さんにんよ》れば師匠《ししょう》の出来《でき》」とも言《い》うよ。「師匠《ししょう》」は、先生《せんせい》のことだね。

朱《しゅ》に交《まじ》われば赤《あか》くなる

意味

人《ひと》は、環境《かんきょう》やつきあう人《ひと》によって、よくもなるし悪《わる》くもなる、というたとえ。

使い方

妹《いもうと》は、近所《きんじょ》に住《す》んでいる男《おとこ》の子《こ》とばかり遊《あそ》んでいる。そのせいか、「朱《しゅ》に交《まじ》われば赤《あか》くなる」で、最近《さいきん》は言葉《ことば》づかいも男《おとこ》の子《こ》のようになっている。

類

水《みず》は方円《ほうえん》の器《うつわ》に従《したが》う

水《みず》は入《い》れる容器《ようき》によって、四角形《しかくけい》にもなれば円形《えんけい》にもなるように、人《ひと》も環境《かんきょう》やつきあう友《とも》だちによって、よくも悪《わる》くもなる、というたとえ。

豆ちしき

「朱《しゅ》」は黄色《きいろ》がかった赤色《あかいろ》のことだよ。「交《まじ》わる」は、つきあう、という意味《いみ》。朱色《しゅいろ》の中《なか》にいると、自然《しぜん》と、赤《あか》い色《いろ》に染《そ》まってしまう、ということからできたことわざなんだ。

仏《ほとけ》の顔《かお》も三《さん》度《ど》

意味

おだやかでやさしい人《ひと》でも、何度《なんど》もひどいことをされれば、ついにはおこる、という教《おし》え。

使い方

山田《やまだ》さんは、いつもおだやかでやさしい性格《せいかく》だ。でも、今日《きょう》はついにおこった。授業中《じゅぎょうちゅう》、となりの人《ひと》にしつこく話《はな》しかけられたからだ。「仏《ほとけ》の顔《かお》も三度《さんど》」だ。

関 **おこる⬇堪忍袋《かんにんぶくろ》の緒《お》が切《き》れる**

「堪忍《かんにん》」は、がまんのこと。それを入《い》れておく袋《ふくろ》がいっぱいになって口《くち》ひもが切《き》れるように、がまんしていたことをおさえきれずに、おこり出《だ》すこと。

豆ちしき

いくら情《なさ》け深《ぶか》い仏《ほとけ》さまでも、三度《さんど》も顔《かお》をなでまわされれば、腹《はら》を立《た》てるのがあたりまえだ、ということからできたことわざだよ。気《き》安《やす》くそんなことをされたら、仏《ほとけ》さまだって、いい気《き》はしないものね。

一回目《いっかいめ》
ちこくね、ごめんなさい。
いいよいいよ。
二回目《にかいめ》
ごめん、電車《でんしゃ》がおくれて。
そう。
三回目《さんかいめ》
あっ、待《ま》った？
いいかげんにしろ！

ちこくも、たび重《かさ》なると、しかられる。

無《む》理《り》が通《とお》れば道《どう》理《り》引《ひ》っこむ

意味

まちがったことが平気《へいき》で行《おこな》われるようになると、正《ただ》しいことが行《おこな》われなくなる、ということ。

使い方

電車《でんしゃ》の中《なか》で、だれかがけいたい電話《でんわ》を取《と》り出《だ》して、大《おお》声《ごえ》で話《はな》し始《はじ》めた。すると、「無理《むり》が通《とお》れば道理《どうり》引《ひ》っこむ」で、ほかの人《ひと》まで、けいたい電話《でんわ》を使《つか》い出《だ》した。

反

道理《どうり》に向《む》かう刃《やいば》なし

道理《どうり》にはむかうことはできない、ということ。つまり、悪《わる》い者《もの》が、一時《いっとき》は栄《さか》えても、結局《けっきょく》は、正《ただ》しいことには勝《か》てない、という意味《いみ》。

豆ちしき

「無理《むり》」は、筋《すじ》が通《とお》らないまちがったこと、「道理《どうり》」は筋《すじ》の通《とお》った正《ただ》しいことをいうんだ。世《よ》の中《なか》では、「道理《どうり》」に合《あ》わないことが、行《おこな》われることもある、ということだね。

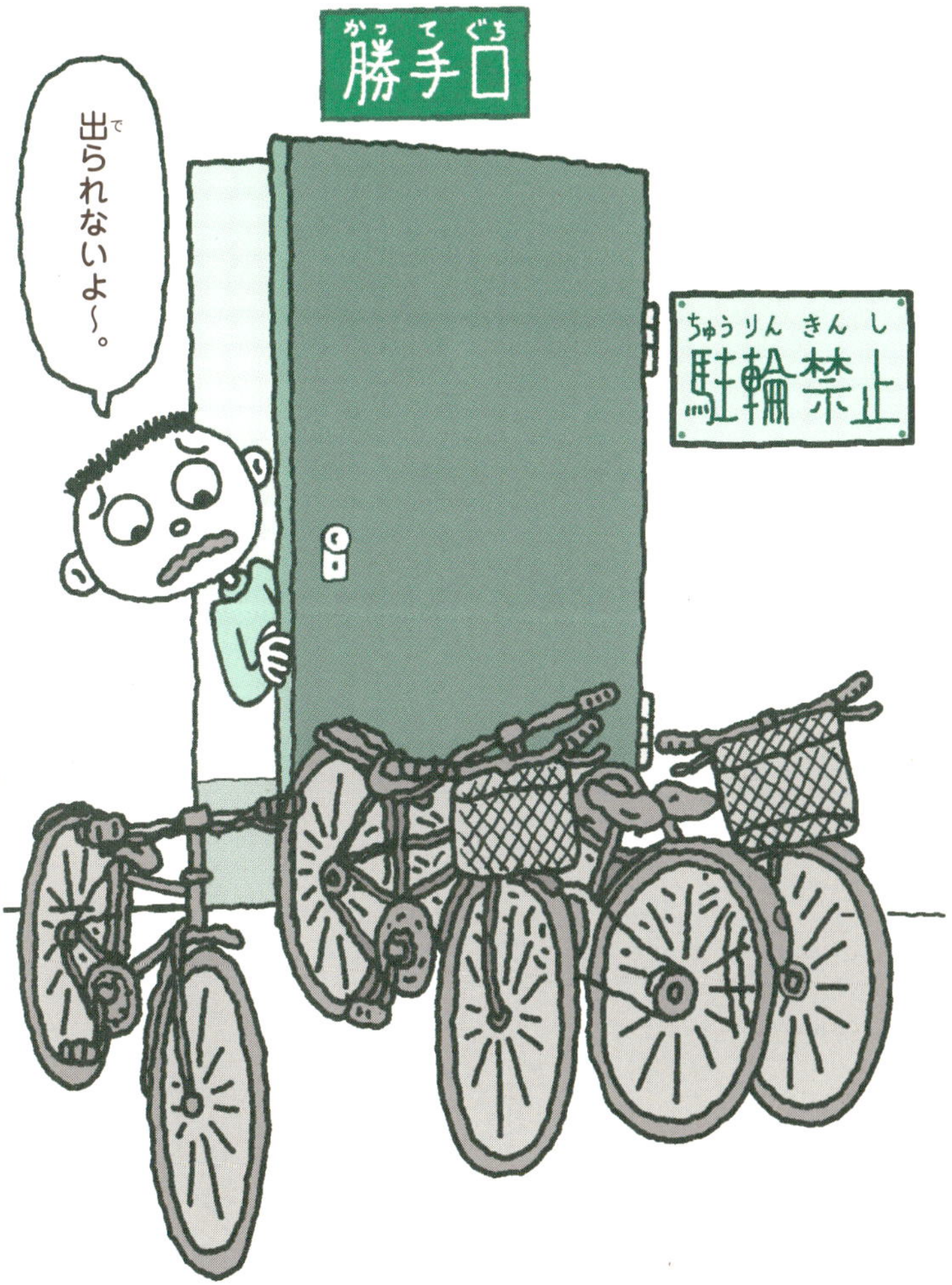
勝手口《かってぐち》
出《で》られないよ～。
駐輪禁止《ちゅうりんきんし》

迷《めい》わく駐輪《ちゅうりん》、なんとかならない?!

袖《そで》ふり合《あ》うも他生《たしょう》の縁《えん》

意味

人《ひと》と出会《であ》うのは、すべてがぐう然《ぜん》ではなく、そうなるめぐりあわせなので大切《たいせつ》にしよう、という意味《いみ》。

使い方

飛行機《ひこうき》で、たまたまとなりの席《せき》にいた人《ひと》と話《はな》しているうちに、仲良《なかよ》くなった。「袖《そで》ふり合《あ》うも他生《たしょう》の縁《えん》」と言《い》うから、手紙《てがみ》を出《だ》してみることにしよう。

類

つまずく石《いし》も縁《えん》の端《はし》

つまらない石《いし》につまずくのも、何《なに》かのめぐりあわせなので、どんなに小《ちい》さなことでも、大切《たいせつ》にしなければならない、というたとえ。

豆ちしき

「袖《そで》ふり合《あ》う」は、「袖《そで》すり合《あ》う」とも言《い》い、道《みち》を歩《ある》いていて、知《し》らない人《ひと》と着物《きもの》の袖《そで》がちょっとふれ合《あ》うような、わずかなかかわりのこと。「他生《たしょう》（多生《たしょう》）の縁《えん》」は、生《う》まれる前《まえ》から決《き》められているめぐりあわせのことだよ。

門《もん》前《ぜん》の小《こ》僧《ぞう》習《なら》わぬ経《きょう》を読《よ》む

意味

特《とく》に習《なら》わなくても、いつも見《み》たり聞《き》いたりしていると、知《し》らないうちに覚《おぼ》えてしまう、ということ。

使い方

ぼくの家《いえ》は、レストランを開《ひら》いているから、毎日《まいにち》お父《とう》さんが料理《りょうり》するのを見《み》ているんだ。「門《もん》前《ぜん》の小僧習《こぞうなら》わぬ経《きょう》を読《よ》む」で、調理実習《ちょうりじっしゅう》の時《とき》、手《て》ぎわがいいって先生《せんせい》にほめられたよ。

反

習《なら》わぬ経《きょう》は読《よ》めぬ

習《なら》っていないお経《きょう》は読《よ》めないように、知《し》らないことや経験《けいけん》のないことは、簡単《かんたん》にはできない、というたとえ。

豆ちしき

お寺《てら》の門《もん》の前《まえ》に住《す》んでいる子《こ》どもは、毎日《まいにち》お経《きょう》を聞《き》いているので、習《なら》ったことがなくてもお経《きょう》を読《よ》めるようになってしまう、というのがもとの意味《いみ》だよ。周《まわ》りの人《ひと》からよいえいきょうを受《う》けられるのは、大《だい》かんげいだね。

動物《どうぶつ》のことわざ

魚心《うおごころ》あれば水心《みずごころ》

意味 相手《あいて》が好意《こうい》を持《も》っているなら、こちらも相手《あいて》に好意《こうい》を持《も》つ用意《ようい》がある、というたとえ。魚《さかな》のほうに水《みず》に親《した》しむ心《こころ》があれば、水《みず》もまた魚《さかな》に親《した》しむ心《こころ》を持《も》つ、ということから。よい意味《いみ》で使《つか》うのが本来《ほんらい》の使《つか》い方《かた》だが、最近《さいきん》では、「下心《したごころ》を持《も》つ」というような、悪《わる》い意味《いみ》でも使《つか》われるようになった。

鵜《う》のまねをするからす

意味 自分《じぶん》の能力《のうりょく》を考《かんが》えないで、人《ひと》のまねをして失敗《しっぱい》する人《ひと》のたとえ。水《みず》にもぐって魚《さかな》をとる鵜《う》のまねをしたからすが、魚《さかな》をとろうとして、水《みず》におぼれてしまったことから。

えびでたいをつる

意味 少《すこ》しの労力《ろうりょく》や元手《もとで》で大《おお》もうけすることや、わずかなもので値打《ねう》ちのあるものを手《て》に入《い》れること。小《ちい》さいえびをえさにして、値打《ねう》ちのあるたいをつりあげることから。略《りゃく》して、「えびたい」と言《い》うこともある。

飼《か》い犬《いぬ》に手《て》をかまれる

意味 ふだん世話《せわ》をしたり、かわいがっているはずの人《ひと》に裏切《うらぎ》られ、ひどい目《め》にあうことをいう。いつもめんどうをみてやっている飼《か》い犬《いぬ》にかみつかれてしまう、ということから。**類** **ひさしを貸《か》して母屋《おもや》をとられる**（⇩154ページ）

かめの甲《こう》より年《とし》の劫《こう》

意味 お年寄《としよ》りの長《なが》い間《あいだ》の経験《けいけん》はとても尊《とうと》いものである、という意味《いみ》。「甲《こう》」はかめのこうらのことで、「劫《こう》」は長《なが》い時間《じかん》をいう。「かめのこう」は「年《とし》のこう」と、言葉《ことば》の調子《ちょうし》を合《あ》わせている。

前門《ぜんもん》の虎《とら》、後門《こうもん》のおおかみ

意味 一《ひと》つの災難《さいなん》を防《ふせ》いだと思《おも》ったら、すぐに次《つぎ》の災難《さいなん》がふりかかるたとえ。前《まえ》の門《もん》から入《はい》りそうな虎《とら》を防《ふせ》いでいるうちに、後《うし》ろの門《もん》からおおかみがおそってくる、ということから。

角《つの》をためて牛《うし》を殺《ころ》す

意味 小《ちい》さな欠点《けってん》にとらわれたり、無理《むり》に直《なお》そうとして、全体《ぜんたい》をだめにしてしまうことをいう。牛《うし》の曲《ま》がった角《つの》を形《かたち》よく直《なお》そうとしているうちに、牛《うし》を殺《ころ》してしまったことから。

虎《とら》の威《い》を借《か》るきつね

意味 自分《じぶん》は弱《よわ》いくせに、強《つよ》い人《ひと》の力《ちから》を利用《りよう》していばる人《ひと》のたとえ。「威《い》」は、勢《いきお》いや力《ちから》のこと。「借《か》る」は借りること。きつねが虎《とら》を後《うし》ろに連《つ》れていっしょに歩《ある》くと、周《まわ》りの動物《どうぶつ》が、虎《とら》をおそれてにげ出《だ》した様子《ようす》から。

とんびに油《あぶら》あげをさらわれる

意味 手《て》に入《はい》るはずのものを、思《おも》いがけず失《うしな》い、気《き》がぬけてぼんやりとしてしまう様子《ようす》。「とんび」は「とび」のくだけた言《い》い方《かた》。

ねこに小判《こばん》

意味 どんなに値打《ねう》ちがあるものでも、それがわからない人《ひと》には、あたえてもむだであり、なんの役《やく》にも立《た》たない、というたとえ。ねこに小判《こばん》をやってもありがたさを感《かん》じないことから。「小判《こばん》」は江戸時代《えどじだい》に使《つか》われた金貨《きんか》のこと。**類** **豚《ぶた》に真珠《しんじゅ》**（⇩123ページ）

夕立《ゆうだち》は馬《うま》の背《せ》を分《わ》ける

意味 夕立《ゆうだち》は、馬《うま》の背中《せなか》の半分《はんぶん》はぬらしても片側《かたがわ》はぬらさずにいるほど、決《き》まった場所《ばしょ》だけに降《ふ》る、というたとえ。

情《なさ》けは人《ひと》のためならず

意味 他人《たにん》にかけた情《なさ》けや親切《しんせつ》は、めぐりめぐって返《かえ》ってくるので、結局《けっきょく》自分《じぶん》のためになる、という教《おし》え。

山田《やまだ》さんちはどっちかね？
妹《いもうと》の友《とも》だちの家《いえ》だから、ぼくが連《つ》れてってあげるよ。
ここだよ。
ありがとう。
あら。
山田
数日後《すうじつご》…
ミカちゃん、やさしいお兄《にい》さんがいて、いいわね。
なんだかよくわかんないけど、いい気分《きぶん》。
お兄《にい》ちゃんわたしのケーキあげる。
えっ？

類 **思《おも》えば思《おも》わるる**

人《ひと》のことを思《おも》いやれば、その人《ひと》も自分《じぶん》のことを思《おも》ってくれるものだ。親切《しんせつ》にすれば親切《しんせつ》が返《かえ》ってくる、ということ。

なるほど、なるほど

昔《むかし》から言《い》い伝《つた》えられている知恵《ちえ》は、ふだんの暮《く》らしの中《なか》で、とても役立《やくだ》つんだ。ここでは、生《せい》活《かつ》に身近《みぢか》な教《おし》えやたとえをしょうかいするよ。これでみんなも、大人《おとな》をあっと言《い》わせることができる、というわけさ。

急《いそ》がば回《まわ》れ

意味

急《いそ》いでいるときは、時間《じかん》がかかっても、安全《あんぜん》で確《かく》実《じつ》な方法《ほうほう》をとるほうがよい、というたとえ。

使い方

写生会《しゃせいかい》で、何《なに》をかくか決《き》まらなくて出《で》おくれてしまった。おくれを取《と》りもどそうと、下《した》がきをせずに絵《え》の具《ぐ》をぬり始《はじ》めたら、大失敗《だいしっぱい》した。「急《いそ》がば回《まわ》れ」と言《い》うとおり、あせらないほうがいいとわかった。

類

急《せ》いては事《こと》をしそんじる

ものごとはあまり急《いそ》ぐと、かえって失敗《しっぱい》しやすいから、急《いそ》ぐときほど、冷静《れいせい》に行《おこな》うように、という教《おし》え。

豆ちしき

急《いそ》ぐときには、危険《きけん》な近《ちか》道《みち》を通《とお》るより、回《まわ》り道《みち》でも安全《あんぜん》な道《みち》を通《とお》るほうが、結《けっ》局《きょく》は早《はや》く目的地《もくてきち》に着《つ》く、という意味《いみ》から生《う》まれたことわざなんだ。あせっているときほど、しんちょうになろう。

あっ、頂上《ちょうじょう》だ。ここから登《のぼ》ると早《はや》いぞ……。
わたしはこっちから行《い》くね。
頂上《ちょうじょう》まで1km《キロメートル》
やっと着《つ》いた……。
お兄《にい》ちゃんおそかったね。

危険《きけん》な近道《ちかみち》より、安全《あんぜん》な道《みち》を通《とお》ろう。

馬《うま》の耳《みみ》に念《ねん》仏《ぶつ》

意味

その人《ひと》のためになると思《おも》って忠告《ちゅうこく》しても、聞《き》き流《なが》されてしまい、なんの効果《こうか》もないこと。

使い方

お兄《にい》ちゃんは、新聞《しんぶん》を読《よ》んだ後《あと》、片《かた》づけるようにといつも言《い》われているが、「馬《うま》の耳《みみ》に念仏《ねんぶつ》」で、少《すこ》しも実行《じっこう》しない。それで、ついにお母《かあ》さんにしかられた。

類

犬《いぬ》に論語《ろんご》

昔《むかし》の中国《ちゅうごく》の本《ほん》である、『論語《ろんご》』を犬《いぬ》に聞《き》かせても、何《なに》も通《つう》じないように、価値《かち》のわからない人《ひと》に、立派《りっぱ》な教《おし》えを聞《き》かせてもむだだ、ということ。

豆ちしき

「念仏《ねんぶつ》」は、「なむあみだぶつ」などと唱《とな》えて仏《ほとけ》さまにいのる、ありがたいお経《きょう》のことだよ。馬《うま》に念仏《ねんぶつ》を聞《き》かせても、ありがたみが少《すこ》しもわからないことから、このことわざが使《つか》われるようになったんだ。

勉強《べんきょう》しなさい。
うん。
勉強《べんきょう》しなさい。
うん。
勉強《べんきょう》しなさいったら!
うん。

お母《かあ》さんの小言《こごと》は、聞《き》き流《なが》されてしまいがち……。

青菜《あおな》に塩《しお》

意味

それまでは元気《げんき》があったのに、急《きゅう》に元気《げんき》がなくなることのたとえ。

使い方

スキー遠足《えんそく》の時《とき》、となりの山本《やまもと》さんは、スキーが初《はじ》めてで、大《おお》はしゃぎ。でも、バスによってしまって、とちゅうから「青菜《あおな》に塩《しお》」のようだった。

類

なめくじに塩《しお》

なめくじに塩《しお》をかけると縮《ちぢ》んでしまうように、苦手《にがて》なものに出《で》くわして、すっかりしょげてしまう様子《ようす》。

豆ちしき

新《しん》せんな青菜《あおな》に塩《しお》をふりかけるとしおれてしまうことからできたことわざだよ。ほかに塩《しお》を使《つか》った表現《ひょうげん》には、「敵《てき》に塩《しお》を送《おく》る」（敵《てき》の弱《よわ》みにつけこまずに、逆《ぎゃく》に、その弱《よわ》さを助《たす》ける）などがあるよ。

暑《あつ》さ寒《さむ》さも彼《ひ》岸《がん》まで

意味

夏《なつ》の暑《あつ》さも秋《あき》の彼《ひ》岸《がん》まで、冬《ふゆ》の寒《さむ》さも春《はる》の彼《ひ》岸《がん》までで、後《あと》は過《す》ごしやすくなる、ということ。

使い方

二学期《にがっき》も始《はじ》まったのに、毎日暑《まいにちあつ》くてたまらないよ、とぼやいていたら、お母《かあ》さんが、「暑《あつ》さ寒《さむ》さも彼岸《ひがん》まで」だから、すぐにすずしくなるよ、と言《い》った。

関 **季節《きせつ》➡春眠《しゅんみん》暁《あかつき》を覚《おぼ》えず**

春《はる》の夜《よる》は暑《あつ》くも寒《さむ》くもなく、寝心地《ねごこち》がいいので、夜《よ》が明《あ》けるのにも気《き》づかず、ついねぼうしてしまう、ということ。

豆ちしき

「彼岸《ひがん》」というのは、年《ねん》に二《に》回《かい》ある。秋分《しゅうぶん》の日《ひ》と春分《しゅんぶん》の日《ひ》は、昼《ひる》と夜《よる》の長《なが》さが同《おな》じになる日《ひ》だけれど、この秋分《しゅうぶん》、春分《しゅんぶん》の前後《ぜんご》各三日《かくみっか》、合計七日間《ごうけいなのかかん》を彼岸《ひがん》と言《い》うんだ。

帯《おび》に短《みじか》したすきに長《なが》し

意味

何《なに》かに使《つか》おうとしても、ちゅうとはんぱで、役《やく》に立《た》たないことのたとえ。

使い方

毛糸《けいと》でぼうしを編《あ》んだけれど、お父《とう》さんやお母《かあ》さんには小《ちい》さすぎるし、わたしには大《おお》きすぎる。これでは「帯《おび》に短《みじか》したすきに長《なが》し」だ。

類

次郎《じろう》にも太郎《たろう》にも足《た》りぬ

あれにもこれにもあてはまることがなく、どっちつかずで、役《やく》に立《た》たないことのたとえ。

豆ちしき

着物《きもの》の袖《そで》をたくし上《あ》げるのに使《つか》うひもを「たすき」と言《い》うよ。帯《おび》にするには短《みじか》すぎて、たすきにすると長《なが》すぎるようなひもは、ちゅうとはんぱで使《つか》いものにならない、というのがもとの意味《いみ》なんだ。

プレゼントのリボンにするには短《みじか》すぎた。
洋服《ようふく》のリボンにするには長《なが》すぎた。
このリボン、何《なに》に使《つか》えるんだろう。

使《つか》い道《みち》が決《き》まらないこともあるものだ。

芸《げい》は身《み》を助《たす》ける

意味

身《み》についた芸《げい》があれば、思《おも》いがけず役《やく》に立《た》つことがある、という意味《いみ》。

使い方

転校《てんこう》して最初《さいしょ》の日《ひ》の昼休《ひるやす》みに、得意《とくい》のものまねをひろうして、クラスの人《ひと》と仲良《なかよ》しになれた。この時《とき》、「芸《げい》は身《み》を助《たす》ける」だな、と思《おも》った。

反

芸《げい》は身《み》の仇《あだ》

習《なら》って覚《おぼ》えた芸事《げいごと》にあまり夢中《むちゅう》になると、かんじんのことがおろそかになり、困《こま》ったことになる、といういましめ。

豆ちしき

ゆうふくな時《とき》に習《なら》っておいた芸事《げいごと》が、生活《せいかつ》が困《こま》ったときに、役《やく》に立《た》つことがある、ということがもとになって生《う》まれたことわざだよ。

特技《とくぎ》を生《い》かせるのは、すばらしい。

うそも方便《ほうべん》

意味

うそをつくのはよくないことだが、目的《もくてき》によっては、うそをついたほうがよい場合《ばあい》もある、ということ。

使い方

友《とも》だちの家《いえ》のねこを見《み》せてもらった。太《ふと》くて低《ひく》い声《こえ》で鳴《な》くし、顔《かお》はくまみたいだったけれど、「かわいいね」とほめたら、友《とも》だちはすごく喜《よろこ》んでいた。「うそも方便《ほうべん》」だ。

反

正直《しょうじき》は一生《いっしょう》の宝《たから》

正直《しょうじき》であることは、一生《いっしょう》を通《つう》じて守《まも》らなければならない。それを守《まも》れば幸《しあわ》せが来《く》る、という教《おし》え。

豆ちしき

「方便《ほうべん》」は、ある目的《もくてき》を果《は》たすために使《つか》う、手段《しゅだん》のこと。うそをつくのは、もちろんよくないけれど、人《ひと》を傷《きず》つけないためのうそなら、かえって必要《ひつよう》なこともある、という教《おし》えだよ。

聞《き》いて極楽《ごくらく》見《み》て地獄《じごく》

意味

話《はなし》で聞《き》くと、すばらしく思《おも》えるのに、実際《じっさい》に見《み》るとかなりひどい、というたとえ。

使い方

旅行《りょこう》に行《い》くことになった。お父《とう》さんは、おいしい料理《りょうり》と最高《さいこう》の景色《けしき》が楽《たの》しめると言《い》っていたのに、「聞《き》いて極楽《ごくらく》見《み》て地獄《じごく》」だ。料理《りょうり》は冷《さ》めているし、おまけに窓《まど》の外《そと》は工事現場《こうじげんば》だった。

類

聞《き》くと見《み》るとは大《おお》ちがい

話《はなし》に聞《き》いていたことと、実際《じっさい》に見《み》て確《たし》かめたことでは大《おお》きなちがいがある、ということ。

豆ちしき

「極楽《ごくらく》」は、仏《ほとけ》さまが管理《かんり》している世界《せかい》で、平和《へいわ》で苦《くる》しみのないすてきな所《ところ》だよ。「地獄《じごく》」は、えんま大王《だいおう》が支配《しはい》している世界《せかい》で、いろいろなばつで苦《くる》しめられる、おそろしい所《ところ》なんだ。

灯台《とうだい》もと暗《くら》し

意味

身近《みぢか》なことは、かえって注意《ちゅうい》が行《ゆ》き届《とど》かず、わからないものだ、というたとえ。

使い方

おじいちゃんが、めがねがない、と言《い》いだした。でも、おでこにずり上《あ》がっていただけだった。それに気《き》づいたおじいちゃんは、「灯台《とうだい》もと暗《くら》し」だね、と笑《わら》った。

類

ちょうちん持《も》ち足《あし》もと暗《くら》し

ちょうちんを持《も》っている人《ひと》は、周《まわ》りを明《あか》るく照《て》らすが、自分《じぶん》の足《あし》もとは暗《くら》くてよくわからないように、自分《じぶん》の身《み》近《ぢか》な事情《じじょう》に気《き》づかないでいることのたとえ。

豆ちしき

「灯台《とうだい》」というのは、電《でん》気《き》やランプがなかった時代《じだい》に、室内《しつない》で使《つか》った照明器具《しょうめいきぐ》のことだよ。油《あぶら》を入《い》れた皿《さら》を台《だい》の上《うえ》に置《お》き、しんに火《ひ》をともしたんだ。台《だい》のすぐ下《した》はかげになって暗《くら》かったことから、このことわざができたんだ。

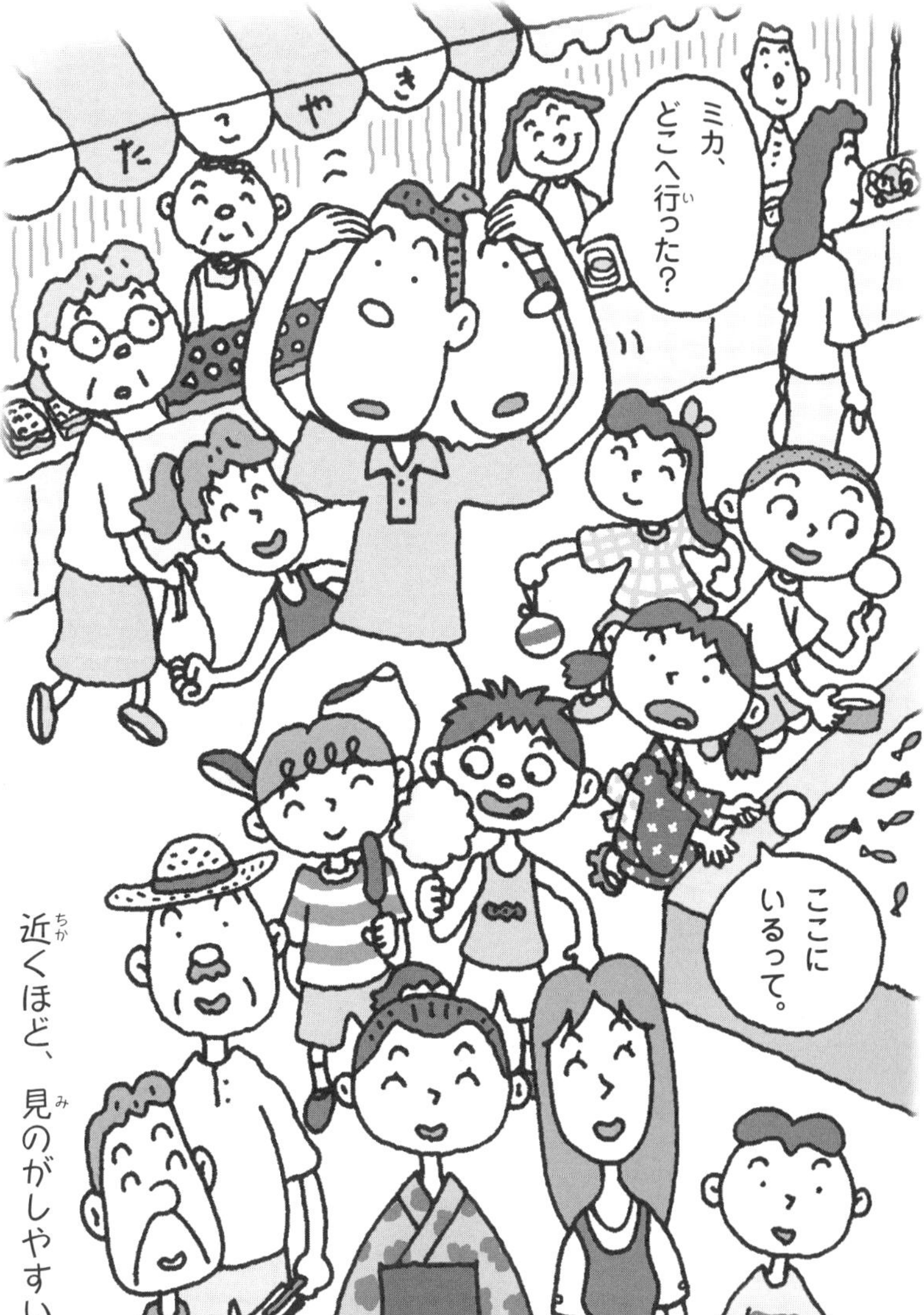

たこやき
ミカ、どこへ行《い》った？
ここにいるって。

近《ちか》くほど、見《み》のがしやすい。

花《はな》よりだんご

意味

目《め》で見《み》て美《うつく》しいだけのものより、実際《じっさい》に役《やく》に立《た》つもののほうがよい、というたとえ。

使い方

家族《かぞく》でドライブに出《で》かけた時《とき》、夕日《ゆうひ》がきれいで、みんなでながめていた。でも、弟《おとうと》はみやげ物屋《ものや》さんのおかしばかり見《み》ていた。まだまだ「花《はな》よりだんご」らしい。

類

花《はな》の下《した》より鼻《はな》の下《した》

花《はな》の下《した》でその美《うつく》しさを楽《たの》しむよりも、鼻《はな》の下《した》にある口《くち》に食《た》べさせることのほうが大切《たいせつ》だ、という意味《いみ》。まずは、生活《せいかつ》そのものが大事《だいじ》だ、ということ。

豆ちしき

花見《はなみ》に行《い》って、美《うつく》しい桜《さくら》の花《はな》を見《み》るよりも、おいしいだんごを食《た》べるほうがよい、というのがもとの意味《いみ》だよ。美《うつく》しいもののよさを味《あじ》わえない人《ひと》をからかう場《ば》合《あい》にも使《つか》うんだ。

せっかくきれいにかざりつけたのに。
わーい、プレゼントだ！何《なに》かな？
おなかがすいた。早《はや》く食《た》べよ！

ツリーよりも、ケーキにプレゼント。

過《す》ぎたるはなお及《およ》ばざるがごとし

意味

なにごとも、やりすぎるのは、足《た》りないのと同《おな》じくらいよくない、ということ。

使い方

おじいちゃんが、肩《かた》こりを治《なお》そうと、体操《たいそう》を始《はじ》めた。しかし、がんばりすぎて筋《すじ》をいため、お医者《いしゃ》さんから「過《す》ぎたるはなお及《およ》ばざるがごとし」と言《い》われたらしい。

類

薬《くすり》も過《す》ぎれば毒《どく》となる

薬《くすり》でも、飲《の》みすぎればかえって体《からだ》に悪《わる》いように、よいことでも度《ど》をこすと害《がい》になる、という教《おし》え。

豆ちしき

昔《むかし》の中国《ちゅうごく》の有名《ゆうめい》な学者《がくしゃ》、孔子《こうし》の言葉《ことば》なんだ。ものごとには、ちょうどよい度合《どあ》いというものがあり、ほどほどがよい、という教《おし》えだよ。

大《だい》は小《しょう》をかねる

意味
小《ちい》さすぎるよりは、大《おお》きすぎるほうが、使《つか》い道《みち》があるからよい、ということ。

使い方
お母《かあ》さんから、コップを持《も》って来《き》てと言《い》われたが、どれのことかわからない。「大《だい》は小《しょう》をかねる」だから、大《おお》きめのものを持《も》って行《い》った。

反 **しゃくしは耳《みみ》かきの代《か》わりにならず**
大《おお》きいものが小《ちい》さいものの代《か》わりになるとは限《かぎ》らないこと。しゃくしは食《た》べ物《もの》をよそうための道具《どうぐ》。形《かたち》は耳《みみ》かきに似《に》ているが、耳《みみ》かきには使《つか》えないことから。

豆ちしき
「かねる」は、一《ひと》つだけでなく、ほかのこともあわせもつことだよ。この場合《ばあい》は、大《おお》きいことは、小《ちい》さいことの役割《やくわり》もあわせもつ、という意味《いみ》だね。

負《ま》けるが勝《か》ち

意味 相手《あいて》に勝《か》ちをゆずったほうが、かえってよい結果《けっか》になることがある、ということ。

使い方 お母《かあ》さんの小言《こごと》が始《はじ》まった。いくら言《い》い返《かえ》しても、勝《か》ち目《め》はない。ここは「負《ま》けるが勝《か》ち」で、だまって聞《き》いておこう。

類 にげるが勝《か》ち

戦《たたか》わないでにげたほうが、その時《とき》は負《ま》けたようでも、広《ひろ》い視野《しや》で考《かんが》えると、勝利《しょうり》や利益《りえき》に結《むす》びつくことをいう。

類 三十六計《さんじゅうろっけい》にげるにしかず（⇩94ページ）

豆ちしき

けんかをすると、傷《きず》ついたり、にくみあったりすることがある。だから、無理《むり》に争《あらそ》わないで、相手《あいて》に勝《か》ちをゆずったほうがよい、ということだよ。その時《とき》は負《ま》けたように見《み》えても、後《あと》から考《かんが》えれば、得《とく》をすることもあるんだ。

おれが先《さき》に読《よ》むんだ。
あっ。
ハリーの冒険
わたしの貸《か》してあげる。
ありがとう。
あっ！あこがれのありさちゃんが……。
ハリーの冒険

負《ま》けたほうが、いい思《おも》いをすることがある。

良薬《りょうやく》は口《くち》に苦《にが》し

意味

自分《じぶん》のためになる忠告《ちゅうこく》というものは、聞《き》くのがつらいものである、というたとえ。

使い方

全校集会《ぜんこうしゅうかい》の時《とき》、となりの人《ひと》とふざけていたら、後《あと》でクラスで一番《いちばん》の親友《しんゆう》に注意《ちゅうい》された。もっともな忠告《ちゅうこく》だったけれど、「良薬《りょうやく》は口《くち》に苦《にが》し」で、その時《とき》はすなおに聞《き》けなかった。でも、今《いま》は気《き》をつけようと思《おも》っている。

類

忠言耳《ちゅうげんみみ》に逆《さか》らう

真心《まごころ》から忠告《ちゅうこく》してくれる言葉《ことば》は、すなおには聞《き》きにくいけれど、ためになるので、大切《たいせつ》にしよう、という意味《いみ》。

豆ちしき

病気《びょうき》によく効《き》く薬《くすり》は、苦《にが》くて飲《の》みにくいことからできたことわざだよ。心《こころ》から忠告《ちゅうこく》してくれる人《ひと》の言葉《ことば》は、身《み》にこたえても、すなおに聞《き》きなさい、という教《おし》えだね。昔《むかし》の中国《ちゅうごく》の有名《ゆうめい》な学者《がくしゃ》、孔子《こうし》の言葉《ことば》なんだ。

ばかもの！
基本《きほん》がなっとらん!!
姿勢《しせい》を正《ただ》すのじゃ。
お前《まえ》はきっと強《つよ》くなれる。がんばれ！
うるさいなぁ、わかってるよ。

厳《きび》しさの裏《うら》には、やさしさがある。

出《で》る杭《くい》は打《う》たれる

意味

能力《のうりょく》がすぐれている人《ひと》は、にくまれやすい、出《で》しゃばる人《ひと》は、文句《もんく》を言《い》われやすい、というたとえ。

使い方

いとこは、勉強《べんきょう》もスポーツもクラスで一番《いちばん》だ。でも、「出《で》る杭《くい》は打《う》たれる」のか、ときどき友《とも》だちにいやみを言《い》われることがあるらしい。

類 **高木《こうぼく》は風《かぜ》に折《お》らる**

高《たか》くのびた木《き》は風当《かぜあ》たりが強《つよ》いため、折《お》れることがあるように、人《ひと》も地位《ちい》が高《たか》くなり大物《おおもの》になると、ねたみなどを受《う》けやすい、ということ。

豆ちしき

「杭《くい》」は、地面《じめん》に打《う》ちこんで、目印《めじるし》や支柱《しちゅう》にする長《なが》い棒《ぼう》のことだよ。ほかの杭《くい》に比《くら》べて、高《たか》く飛《と》び出《で》ている杭《くい》は、同《おな》じ高《たか》さになるまで打《う》ちこまれる、ということからできたことわざなんだ。

念《ねん》には念《ねん》を入《い》れよ

意味

よく注意《ちゅうい》したうえに、さらにいっそう注意《ちゅうい》することが大事《だいじ》である、という教《おし》え。

使い方

明日《あす》から修学旅行《しゅうがくりょこう》だ。「念《ねん》には念《ねん》を入《い》れよ」で、持《も》ち物《もの》の確認《かくにん》のために、もう一度《いちど》、かばんの中身《なかみ》をよくみておこう。

類 石橋《いしばし》をたたいてわたる

がんじょうにできている石《いし》の橋《はし》でも、たたいて安全《あんぜん》を確《たし》かめてからわたるくらい、しんちょうなことのたとえ。

豆ちしき

人間《にんげん》のすることには、見落《みお》としもあるから、注意《ちゅうい》のうえにも注意《ちゅうい》を重《かさ》ねてものごとを行《おこな》え、という意味《いみ》だね。「念《ねん》」は、細《こま》かいところに気《き》をつけること。「念《ねん》のため」とか、「念《ねん》をおす」、というようにも使《つか》われるね。

火《ひ》のない所《ところ》にけむりは立《た》たぬ

意味

うわさが立《た》つには、何《なに》かその原因《げんいん》となる事実《じじつ》があるものだ、というたとえ。

使い方

中田君《なかたくん》は、いつも山村《やまむら》さんにちょっかいを出《だ》すので、山村《やまむら》さんのことが好《す》きなんだ、とうわさされている。中田君《なかたくん》はちがうと言《い》うけれど、「火《ひ》のない所《ところ》にけむりは立《た》たぬ」だ。

関 火《ひ》➡火《ひ》に油《あぶら》を注《そそ》ぐ

火《ひ》に油《あぶら》を注《そそ》ぐと、燃《も》え方《かた》が激《はげ》しくなるように、勢《いきお》いのさかんなものに、さらに勢《いきお》いをつけさせるたとえ。

豆ちしき

何《なに》かが火《ひ》で燃《も》えるときには、けむりが出《で》ることからできたことわざだよ。けむりが立《た》ちのぼっているときには、そのもとになる火《ひ》がついているのと同《おな》じで、うわさが立《た》つには、必《かなら》ず理由《りゆう》がある、ということだね。

焼《や》け石《いし》に水《みず》

意味

えん助《じょ》や努力《どりょく》が小《ちい》さすぎて、全《まった》く効《き》き目《め》がないことのたとえ。

使い方

今日《きょう》は八月三十一日《はちがつさんじゅういちにち》。夏休《なつやす》みの宿題《しゅくだい》に全《まった》く手《て》をつけていない。がんばってやり始《はじ》めたけれど、今《いま》さら「焼《や》け石《いし》に水《みず》」だ。もう少《すこ》し前《まえ》から、手《て》をつけておけばよかった。

類

焼《や》け石《いし》にすずめのなみだ

量《りょう》が少《すく》なすぎて、全《まった》く効果《こうか》がないことのたとえ。「すずめのなみだ」は、わずかな量《りょう》のこと。

豆ちしき

火《ひ》で焼《や》いた熱《あつ》い石《いし》に、少《すこ》しばかりの水《みず》をかけても、冷《さ》ますことはできない、というのがもとの意味《いみ》だよ。わずかな水《みず》をかけても、いっしゅんでかわいてしまうことから、効果《こうか》があがらないことをたとえているんだ。

数字《すうじ》のことわざ

悪事千里《あくじせんり》を走《はし》る

意味 悪《わる》いことをすると、そのうわさはすぐに遠《とお》くまで知《し》れわたってしまうといういましめ。一里《いちり》は昔《むかし》のきょりの単位《たんい》で、約四《やくよん》キロメートルのこと。「千里《せんり》」は長《なが》いきょりのたとえ。

一《いち》を聞《き》いて十《じゅう》を知《し》る

意味 一部分《いちぶぶん》を聞《き》いただけで全体《ぜんたい》を理解《りかい》できる、ということ。ものごとの始《はじ》めを聞《き》くと終《お》わりまでわかるくらいに利口《りこう》である、というたとえ。昔《むかし》の中国《ちゅうごく》の本《ほん》、『論語《ろんご》』から生《う》まれたことわざ。

一寸《いっすん》の虫《むし》にも五分《ごぶ》の魂《たましい》

意味 小《ち》さな虫《むし》でも、その体《からだ》の半分《はんぶん》の大《おお》きさの魂《たましい》がある。弱《よわ》い者《もの》にも意地《いじ》や考《かんが》えがあるのだから、軽《かる》くみてはいけない、という意味《いみ》。一寸《いっすん》は約三《やくさん》センチメートルのことで、「五分《ごぶ》」は、その半分《はんぶん》のこと。

五十歩百歩《ごじっぽひゃっぽ》

意味 少《すこ》しの差《さ》はあるものの、ほぼ同《おな》じである、ということ。戦《たたか》いの時《とき》、五十歩《ごじっぽ》にげた兵隊《へいたい》が、百歩《ひゃっぽ》にげた兵隊《へいたい》を笑《わら》ったが、にげたことには変《か》わりがない、というのがもとの意味《いみ》。**類** **どんぐりの背《せい》くらべ**（⇩どれも平凡《へいぼん》で、あまり変《か》わりがないこと。どんぐりは、形《かたち》も大《おお》きさも大差《たいさ》なく変《か》わりばえしないことから。）

三十六計《さんじゅうろっけい》にげるにしかず

意味 めんどうなことが起《お》きたらにげるのがいちばんよい、ということ。「三十六計《さんじゅうろっけい》」は、古代中国《こだいちゅうごく》のいろいろな戦《たたか》いの方法《ほうほう》のこと。勝《か》ち目《め》のない戦《たたか》いでは、

にげるのが最《もっと》もよい方法《ほうほう》である、というのがもとの意味《いみ》。**類** **負《ま》けるが勝《か》ち**（⇩86ページ）

すずめ百《ひゃく》までおどり忘《わす》れず

意味 小《ちい》さい時《とき》の習慣《しゅうかん》は、年《とし》をとっても変《か》わらないものだ、という意味《いみ》。すずめは、おどるようにピョンピョンと、とびはねる習性《しゅうせい》を一生持《いっしょうも》ち続《つづ》けることから生《う》まれたことわざ。

なくて七《なな》くせ、あって四十八《しじゅうはち》くせ

意味 人間《にんげん》は、自分《じぶん》では気《き》づかなくても、何《なに》かくせを持《も》っているという意味《いみ》。単《たん》に、「なくて七《なな》くせ」とも言《い》う。

二度《にど》あることは三度《さんど》ある

意味 二度同《にどおな》じようなことが起《お》これば、続《つづ》いてもう一度起《いちどお》こる。悪《わる》いことはくり返《かえ》されることが多《おお》いので注意《ちゅうい》しよう、という意味《いみ》。「一度《いちど》あることは二度《にど》ある」とも言《い》う。

早起《はやお》きは三文《さんもん》の得《とく》

意味 朝早《あさはや》く起《お》きると、健康《けんこう》にもよく、何《なに》かといいことがあるものだ、という意味《いみ》。「文《もん》」は江戸時代《えどじだい》のお金《かね》の単位《たんい》。「得《とく》」は、「徳《とく》」とも書《か》く。

腹八分目《はらはちぶんめ》に医者《いしゃ》いらず

意味 おなかがいっぱいになる少《すこ》し前《まえ》で、食《た》べるのをやめておけば、健康《けんこう》を保《たも》つことができ、医者《いしゃ》にかかる必要《ひつよう》がないという教《おし》え。「八分目《はちぶんめ》」は八割《はちわり》、八十《はちじっ》パーセントのことで、この場合《ばあい》は「少《すこ》しひかえめ」という意味《いみ》。

人《ひと》のうわさも七十五日《しちじゅうごにち》

意味 うわさ話《ばなし》は一時的《いちじてき》なもので、七十五日《しちじゅうごにち》もすれば、世間《せけん》の人《ひと》たちも忘《わす》れ、自然《しぜん》に消《き》えていくものだ、ということ。

井《い》の中《なか》のかわず大《たい》海《かい》を知《し》らず

意味

井《い》戸《ど》の中《なか》にすむかえるのように、ほかに広《ひろ》い世《せ》界《かい》があることを知《し》らないで、自《じ》分《ぶん》のせまい考《かんが》え方《かた》に得《とく》意《い》になっている様《よう》子《す》。

学校《がっこう》では…。
やあ！
すごーい！
おれって天《てん》才《さい》、おれって最《さい》高《こう》。将《しょう》来《らい》は、プロのサッカー選《せん》手《しゅ》まちがいなし！
エッヘン
全国大会《ぜんこくたいかい》では…。
しかし、全《ぜん》国《こく》少《しょう》年《ねん》サッカー大《たい》会《かい》では、10－0で大《おお》負《ま》け。
ちぇっ。
パシッ
まだまだねー。
負《ま》けずにがんばれ！
くやしー。

類 **針《はり》の穴《あな》から天《てん》をのぞく**

針《はり》の小《ちい》さな穴《あな》から上《うえ》の広《ひろ》い天《てん》をのぞくように、自《じ》分《ぶん》の少《すく》ない知《ち》識《しき》や考《かん》えで、大《おお》きなものごとを判《はん》断《だん》しようとすることのたとえ。

おっと、ご用心《ようじん》

みんなは、大失敗《だいしっぱい》をしてしまった経験《けいけん》はないかな？「そんなつもりじゃなかったのに……」「ついうっかり……」。そんなついてないときに使《つか》う教《おし》えやたとえを、しょうかいするよ。みんなもこれを読《よ》んで、用心《ようじん》してね。

口《くち》はわざわいの元《もと》

意味

気《き》をつけてものを言《い》わないと、思《おも》わぬ災難《さいなん》を招《まね》くことがある、という意味《いみ》。

使い方

友《とも》だちの秘密《ひみつ》を、うっかりみんなの前《まえ》でしゃべってしまい、ものすごくおこらせてしまった。「口《くち》はわざわいの元《もと》」、これからは気《き》をつけよう。

類

きじも鳴《な》かずばうたれまい

かん高《だか》い声《こえ》で鳴《な》かなければ、居場所《いばしょ》も気《き》づかれず、鉄《てっ》ぽうでうたれることもなかったきじのように、よけいなことを言《い》うと災難《さいなん》にあうから気《き》をつけろ、といういましめ。

豆ちしき

悪気《わるぎ》がなくて言《い》ったことを、誤解《ごかい》されたり、言《い》ってはならないことを、ついしゃべったりしたことはないかな？　このことわざは、言葉《ことば》には気《き》をつけて、よけいなことはしゃべらないように、といういましめだよ。

ミカちゃん、わたしの兄《あに》をしょうかいするわ。
はじめまして。
グサッ
えっ？お兄《にい》さん？お父《とう》さんかと思《おも》った。

なにげなく言《い》ったことが、人《ひと》を悲《かな》しませることがある。

後悔《こうかい》先《さき》に立《た》たず

意味

ものごとがすべて終《お》わってから後悔《こうかい》しても、もう手《て》おくれだ、という意味《いみ》。

使い方

お祭《まつ》りの夜店《よみせ》で、たくさんおかしを買《か》い、おこづかいを全部《ぜんぶ》使《つか》い切《き》ってから、大好《だいす》きな金魚《きんぎょ》すくいを見《み》つけた。「後悔先《こうかいさき》に立《た》たず」だ。

類

覆水盆《ふくすいぼん》に返《かえ》らず

一度《いちど》こぼした水《みず》は、二度《にど》と盆《ぼん》にもどせないように、一度《いちど》してしまったことは、取《と》り返《かえ》しがつかない、ということ。

豆ちしき

すんでしまったことを、後《あと》からくやんでも、しかたないよね。だから、何《なに》かを行《おこな》うときは、後悔《こうかい》することのないように、よく考《かんが》えてやりなさい、という教《おし》えだよ。

卒業生《そつぎょうせい》のみなさん。
本日《ほんじつ》は、
おめでとうございます。
ぼくは……えーっと、
えーっと、あの……。
在校生代表《ざいこうせいだいひょう》あいさつ
もっとスピーチの
練習《れんしゅう》をしておけば
よかったなぁ……。

後《あと》からくやんでも、もうおそい。

一《いっ》寸《すん》先《さき》はやみ

意味

将来《しょうらい》のことは、ちょっと先《さき》のことでも、どうなるのか、何《なに》が起《お》こるかわからない、という意味《いみ》。

使い方

テレビのニュースによると、オリンピック代表《だいひょう》に選《えら》ばれたばかりの選手《せんしゅ》が事故《じこ》にあい、出場《しゅつじょう》できないかもしれないということだ。「一寸先《いっすんさき》はやみ」だ。

関 **やみ⬇やみ夜《よ》に鉄《てっ》ぽう**

暗《くら》やみで鉄《てっ》ぽうをうつように、目標《もくひょう》もはっきりしないまま、あてずっぽうにやること。また、やっても無意味《むいみ》なことのたとえ。

豆ちしき

思《おも》いもかけない不運《ふうん》な目《め》にあったときや、油断《ゆだん》をいましめるときに使《つか》われるんだ。「一寸《いっすん》」は、昔《むかし》の長《なが》さの単位《たんい》で、約三《やくさん》センチメートルのこと。この場合《ばあい》は、少《すこ》しという意味《いみ》だよ。「やみ」は、光《ひかり》のささない、暗《くら》い状態《じょうたい》のことだね。

おぼれる者《もの》はわらをもつかむ

意味

困《こま》りはてたときには、全《まった》く助《たす》けにならないものにでもたよろうとする、ということ。

使い方

野球《やきゅう》のメンバーの一人《ひとり》が急《きゅう》に病気《びょうき》になった。「おぼれる者《もの》はわらをもつかむ」気持《きも》ちで、友《とも》だちの弟《おとうと》に、代役《だいやく》をたのむことにした。

類 切《せつ》ないときはいばらをもつかむ

本当《ほんとう》に苦《くる》しいときには、そこからのがれるために、とげのあるいばらにもすがるものだ、という意味《いみ》。

類 苦《くる》しいときの神《かみ》だのみ（⇩138ページ）

豆ちしき

おぼれている人《ひと》は、助《たす》かりたい一心《いっしん》から、一本《いっぽん》のわらのように、たよりないものにでも、つかまろうとする、というのがもとの意味《いみ》だよ。本当《ほんとう》に困《こま》って、手段《しゅだん》を選《えら》ばずにたよろうとする様子《ようす》をいうんだ。

転《ころ》ばぬ先《さき》のつえ

意味

なにごとも失敗《しっぱい》することのないように、前《まえ》もってよく準備《じゅんび》しておくべきだ、という教《おし》え。

使い方

家《いえ》の中《なか》に手《て》すりをつけた。おばあちゃんが、転《ころ》んでけがをしないための工夫《くふう》だ。「転《ころ》ばぬ先《さき》のつえ」で、これからも安全《あんぜん》に暮《く》らすための用心《ようじん》になる。

類 濡《ぬ》れぬ先《さき》のかさ

雨《あめ》が降《ふ》る前《まえ》から、かさを用意《ようい》しておくように、用心《ようじん》として、前《まえ》もって準備《じゅんび》することのたとえ。

類 備《そな》えあればうれいなし （⇩114ページ）

豆ちしき

転《ころ》ぶおそれがあるなら、転《ころ》ぶ前《まえ》に用心《ようじん》してつえをついていよう、というのがもとの意味《いみ》だよ。何《なに》かをするには、しんちょうに行《おこな》うとよい、という教《おし》えだね。そうすれば、大失敗《だいしっぱい》を防《ふせ》ぐことができるんだ。

準備《じゅんび》しすぎるのも、考《かんが》えものだ……。

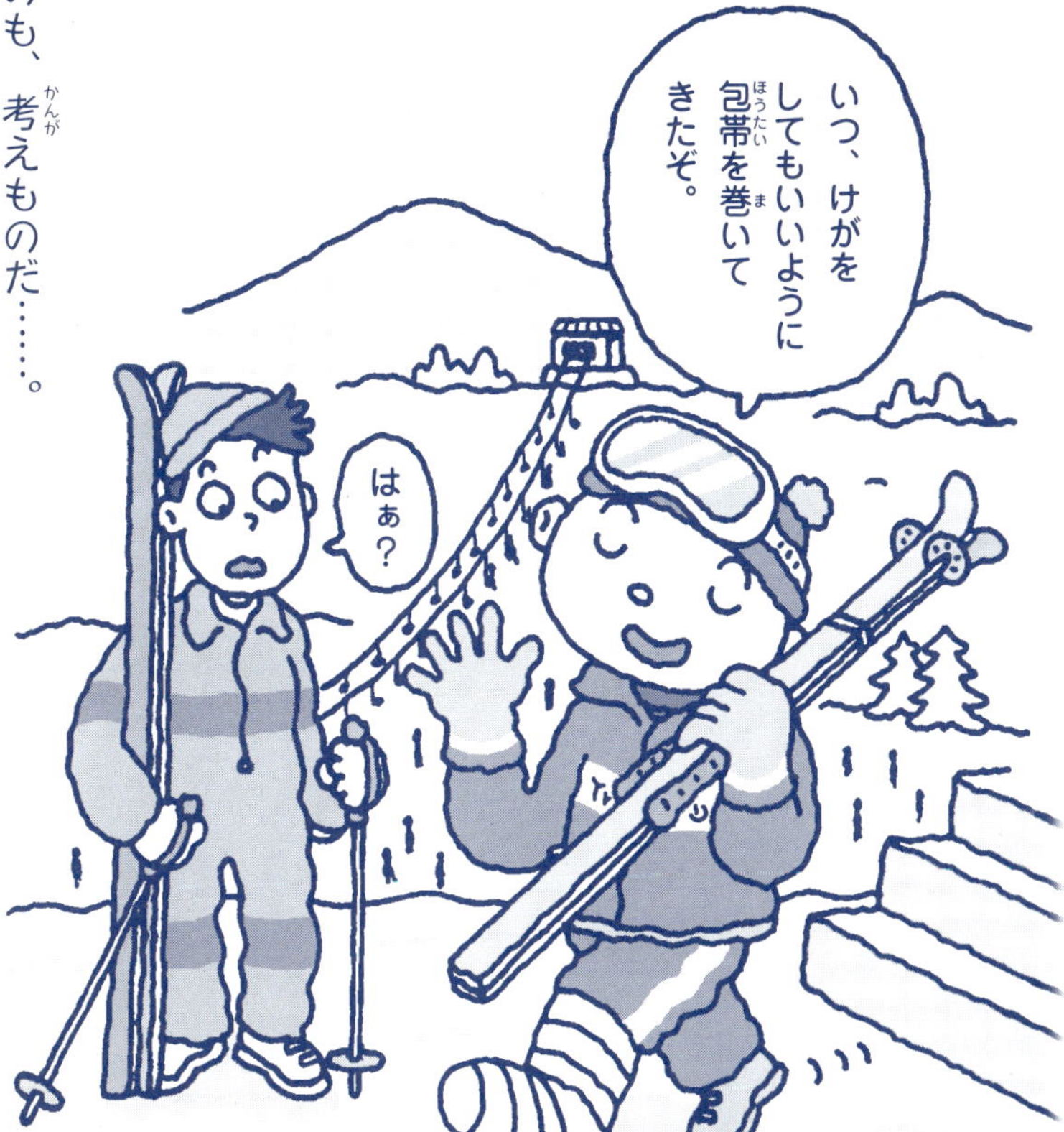
いつ、けがをしてもいいように包帯《ほうたい》を巻《ま》いてきたぞ。
はぁ?

さるも木《き》から落《お》ちる

意味

その道《みち》の達人《たつじん》と言《い》われる人《ひと》でも、ときには失敗《しっぱい》をしてしまう、という意味《いみ》。

使い方

お兄《にい》ちゃんはかぶと虫《むし》をとる名人《めいじん》だ。ところが、今日《きょう》は、何《なん》びきもにがしてしまった。「さるも木《き》から落《お》ちる」だよ、とはずかしそうに言《い》いわけをしていた。

類 かっぱの川流《かわなが》れ

泳《およ》ぎの上手《じょうず》なかっぱでも、ときには川《かわ》の水《みず》に流《なが》されてしまうことから、名人《めいじん》でも思《おも》わぬ失敗《しっぱい》をする、ということ。

類 弘法《こうぼう》も筆《ふで》の誤《あやま》り（⇩109ページ）

豆ちしき

木登《きのぼ》りが得意《とくい》なさるでも、木《き》から落《お》ちてしまうことがある、という意味《いみ》からできたことわざだよ。ただし、面《めん》と向《む》かって使《つか》うと、その人《ひと》をさるにたとえてしまうことになり、失礼《しつれい》になるから、目上《めうえ》の人《ひと》に言《い》わないように気《き》をつけてね。

料理《りょうり》上手《じょうず》のお母《かあ》さんも、たまには失敗《しっぱい》する。

あれ? これ、まずいよ。
あっ、まちがえてさとうを入《い》れちゃった。
めずらしいね。

聞《き》くは一時《いっとき》のはじ、聞《き》かぬは一生《いっしょう》のはじ

意味

知《し》らないことは、そのときはずかしくても、人《ひと》にたずねることが大切《たいせつ》だ、という教《おし》え。

使い方

初《はじ》めて町《まち》の図書館《としょかん》に行《い》った。まずパンフレットを読《よ》んだけれど、本《ほん》の探《さが》し方《かた》がよくわからない。「聞《き》くは一時《いっとき》のはじ、聞《き》かぬは一生《いっしょう》のはじ」だから、窓口《まどぐち》の人《ひと》にたずねてみることにした。

類 **知《し》らずば人《ひと》に問《と》え**

知《し》らないことがあったら、知《し》っているふりをしないで、人《ひと》にすすんで質問《しつもん》して教《おそ》わるのがよい、という意味《いみ》。

豆ちしき

人《ひと》に何《なに》かをたずねることは、はずかしいかもしれない。しかし、人《ひと》にきかないと、一生知《いっしょうし》らないままかもしれない。そのほうがよほどはずかしいから、わからないことは、勇気《ゆうき》を出《だ》して質問《しつもん》してみよう、ということだね。

弘法《こうぼう》も筆《ふで》の誤《あやま》り

意味

どんなに技芸《ぎげい》にすぐれた人《ひと》でも、失敗《しっぱい》をしてしまうことがある、というたとえ。

使い方

体育《たいいく》の先生《せんせい》が、とび箱《ばこ》の手本《てほん》を見《み》せようとしたら、バランスをくずして、とび箱《ばこ》から転《ころ》げ落《お》ちてしまった。まさに、「弘法《こうぼう》も筆《ふで》の誤《あやま》り」だった。

類 **上手《じょうず》の手《て》から水《みず》がもる**

何《なに》かが上手《じょうず》な人《ひと》であっても、手《て》にためた水《みず》をもらすように、失敗《しっぱい》をすることがある、というたとえ。

類 **さるも木《き》から落《お》ちる**（⇩106ページ）

豆ちしき

名人《めいじん》がたまたま失敗《しっぱい》をしたときに使《つか》うことわざだね。「弘法《こうぼう》」は、弘法大師《こうぼうだいし》という、平安時代《へいあんじだい》の有名《ゆうめい》なお坊《ぼう》さんで、書《しょ》の名人《めいじん》だったんだ。そんな弘法大師《こうぼうだいし》でも、書《か》き損《そん》じることがある、ということからできたことわざだよ。

船《せん》頭《どう》多《おお》くして、船《ふね》、山《やま》に登《のぼ》る

意味

指図《さしず》する人《ひと》が多《おお》すぎて、ものごとがまとまらず、とんでもない方向《ほうこう》に進《すす》んでいくたとえ。

使い方

教室《きょうしつ》の大《おお》そうじで、どこから手《て》をつけるのか、各班《かくはん》の班長《はんちょう》がばらばらなことを言《い》う。これでは「船頭多《せんどうおお》くして、船《ふね》、山《やま》に登《のぼ》る」で、だれが何《なに》をしたらいいのかわからず、ちっとも作業《さぎょう》がはかどらない。

反 つるの一声《ひとこえ》

鳴《な》き声《ごえ》が力強《ちからづよ》いつるのように、力《ちから》のある人《ひと》の一言《ひとこと》で、まとまらなかったみんなの意見《いけん》が、決《き》まることを言《い》う。

豆ちしき

「船頭《せんどう》」は、船《ふね》が進《すす》む方《ほう》向《こう》を指図《さしず》する人《ひと》のことだよ。一《いっ》そうの船《ふね》に船頭《せんどう》が大《おお》勢《ぜい》乗《の》って、あっちへ行《い》け、こっちへ行《い》けと、それぞれが命令《めいれい》すると、船《ふね》が海《うみ》から陸《りく》に乗《の》り上《あ》げて、山《やま》に登《のぼ》ってしまうこともある、というのがもとの意味《いみ》だよ。

かんざしがいいよ。
お花《はな》もかわいいわ。
リボンが似合《にあ》うよ。
ゴテゴテしてて、いやだー。
ヨロヨロ

みんなの言《い》うことをきいていたら、 とんでもないことになりやすい……。

とらぬたぬきの皮算用《かわざんよう》

意味

まだ確《たし》かではないことをあてにして、あれこれ計《けい》画《かく》を立《た》てること。

使い方

お兄《にい》ちゃんは、クリスマスに、新《あたら》しい自転車《じてんしゃ》を買《か》ってもらえると信《しん》じこんで、遠乗《とおの》りの計画《けいかく》まで立《た》てている。「とらぬたぬきの皮算用《かわざんよう》」にならないといいけれど。

類　**飛《と》ぶ鳥《とり》の献立《こんだて》**

まだつかまえてもいない鳥《とり》の料理《りょうり》のしかたを考《かんが》えるように、あてにならないことを、軽《かる》はずみに先回《さきまわ》りして期待《きたい》することのたとえ。

豆ちしき

まだとらえてもいないのに、あれこれ期待《きたい》して、たぬきの毛皮《けがわ》を売《う》ったもうけを計算《けいさん》する、ということからできたことわざだよ。人《ひと》をからかうときに使《つか》うこともあるね。

お父《とう》さんから、
三千円《さんぜんえん》。
お年玉
おばあちゃんから、
三千円《さんぜんえん》。
お年玉
お母《かあ》さんから、
三千円《さんぜんえん》。
おとし玉
おばさんから、
二千円《にせんえん》。
お年玉
来年《らいねん》は
お年玉《としだま》で、
ほしかった
ゲームソフトが
買《か》えるな。

計画《けいかく》どおりにいけばいいのだが……。

備《そな》えあればうれいなし

意味　ふだんから、きちんと準備《じゅんび》をしていれば、何《なに》が起《お》きても心配《しんぱい》はない、ということ。

使い方　急《きゅう》に算数《さんすう》のテストがあって、結果《けっか》はさんざんだった。ふだんからきちんと復習《ふくしゅう》しておけばよかった、と思《おも》った。「備《そな》えあればうれいなし」だ。

類　転《ころ》ばぬ先《さき》のつえ（⇩104ページ）

反　どろぼうを見《み》て縄《なわ》をなう

どろぼうを見《み》てから、しばる縄《なわ》をつくるように、何《なに》かが起《お》こってから、あわてて準備《じゅんび》をすることのたとえ。

豆ちしき

万一《まんいち》の場合《ばあい》に備《そな》えて、日《ひ》ごろからいろいろと準備《じゅんび》しておけば安心《あんしん》だ、という意味《いみ》。「備《そな》え」は前《まえ》もって用意《ようい》しておくこと。「うれい」は、この場合《ばあい》、心配《しんぱい》のことだよ。

泣《な》き面《つら》に蜂《はち》

意味
悪《わる》いことが起《お》こっているところに、また悪《わる》いことが重《かさ》なること。

使い方
かぜをひいて、ねこんでしまった。立《た》ち上《あ》がると、熱《ねつ》のせいでふらふらし、柱《はしら》に思《おも》いっきり足《あし》をぶつけた。まさに「泣《な》き面《つら》に蜂《はち》」だ。

類
弱《よわ》り目《め》にたたり目《め》
困《こま》っているときに、さらに悪《わる》いことが重《かさ》なること。
「たたり」は神《かみ》さまや仏《ほとけ》さまがあたえる災難《さいなん》のこと。

豆ちしき
つらくて泣《な》いているときに、さらに、蜂《はち》にさされるという様《よう》子《す》からできたことわざだよ。不《ふ》幸《こう》のうえに不幸《ふこう》が重《かさ》なってしまうたとえなんだ。「泣《な》き面《つら》を蜂《はち》がさす」とも言《い》うよ。

飛《と》んで火《ひ》に入《い》る夏《なつ》の虫《むし》

意味

自分《じぶん》からすすんで、危険《きけん》なことや災難《さいなん》にかかわりあってしまうことのたとえ。

使い方

友《とも》だちが集《あつ》まっていたので首《くび》をつっこんだら、どうすればぼくがちゃんとそうじ当番《とうばん》を守《まも》るか、話《はな》し合《あ》っていたんだって。さんざん文句《もんく》を言《い》われてしまったよ。まさに、「飛《と》んで火《ひ》に入《い》る夏《なつ》の虫《むし》」だね。

関 虫《むし》➡虻蜂《あぶはち》とらず

虻《あぶ》と蜂《はち》の両方《りょうほう》をとらえようとして、どちらもにがしてしまうように、二《ふた》つのものを、同時《どうじ》にとりにがすこと。

豆ちしき

夏《なつ》の夜《よる》、虫《むし》が明《あ》かりにひかれてやって来《き》て、その火《ひ》に飛《と》びこんで焼《や》け死《し》んでしまう様子《ようす》から生《う》まれたことわざだよ。自分《じぶん》からわざわざ困《こま》るようなところに入《はい》りこんでしまうことだね。

いいところに
帰《かえ》ってきた。
大《おお》そうじ
手伝《てつだ》って。
ただいま……
手伝《てつだ》って。
おなかすいてるのに……。

「しまった」と思《おも》ったときには、もうおそい……。

にがした魚《さかな》は大《おお》きい

意味

手《て》に入《い》れかけてだめになったものは、おしい気持《きも》ちがして、実際以上《じっさいいじょう》によく見《み》える、というたとえ。

使い方

読《よ》んでみたいまんががあった。買《か》おうかどうしようかと二《に》、三日《さんにち》なやんでいるうちに、売《う》り切《き》れてしまった。すぐに売《う》り切《き》れるほどおもしろいのか、と思《おも》うと、どうしてもほしくなった。「にがした魚《さかな》は大《おお》きい」なあ。

関　魚《さかな》⬇いわしの頭《あたま》も信心《しんじん》から

いわしの頭《あたま》のようにつまらないものでも、不思議《ふしぎ》な力《ちから》があると信《しん》じている人《ひと》には尊《とうと》く見《み》える、ということ。

豆ちしき

つりのえさに食《く》いついたにもかかわらず、あともう少《すこ》しのところでにがしてしまった魚《さかな》は、実物《じつぶつ》よりも大《おお》きく思《おも》えてしまう、ということからできたことわざだよ。「つり落《お》とした魚《さかな》は大《おお》きい」とも言《い》うね。

ベーカリー
えー、ちょうど売《う》り切《き》れ？
くやしー。
あの人《ひと》たちの
持《も》っているパン、
おいしそう……。
食《た》べたかったなぁ。
本日《ほんじつ》
売《う》り切《き》れ
ほかほか
ベーカリー

手《て》に入《はい》らなければ、よけいほしくなるものだ。

生《なま》兵《びょう》法《ほう》は大《おお》けがのもと

意味

いいかげんな知識《ちしき》や技術《ぎじゅつ》にたよると、とんでもない大失敗《だいしっぱい》をすることがある、という意味《いみ》。

使い方

ビデオの調子《ちょうし》が悪《わる》くて、お父《とう》さんが直《なお》そうとした。でも、「生兵法《なまびょうほう》は大《おお》けがのもと」で、全《まった》く動《うご》かなくなり、結局《けっきょく》、修理《しゅうり》の人《ひと》を呼《よ》ぶことにした。

類 **生物《なまもの》知《し》り川《かわ》へはまる**

ちゅうとはんぱに知《し》っていることをたよりに、軽々《かるがる》しくものごとを行《おこな》うと、川《かわ》に落《お》っこちるような大失敗《だいしっぱい》をしてしまう、ということ。

豆ちしき

「生兵法《なまびょうほう》」は、少《すこ》しばかり聞《き》きかじった武術《ぶじゅつ》のこと。それをたよりにして戦《たたか》ったりすると、かえって大《おお》けがをしてしまう、というのがもとの意味《いみ》なんだ。身《み》についていない知識《ちしき》や技術《ぎじゅつ》では、大失敗《だいしっぱい》を招《まね》く、という教《おし》えだよ。

李《り》下《か》に冠《かんむり》を正《ただ》さず

意味

人《ひと》から疑《うたが》われそうなことは、しないほうがよい、という教《おし》え。

使い方

いたずらで、弟《おとうと》のおやつを食《た》べるふりをしていたら、今日《きょう》はだれかが本当《ほんとう》に食《た》べていたので、ぼくが真《ま》っ先《さき》に疑《うたが》われた。「李《り》下《か》に冠《かんむり》を正《ただ》さず」だ。

類 **瓜田《かでん》に履《くつ》を納《い》れず**

瓜《うり》の畑《はたけ》で、はき物《もの》を直《なお》していると、瓜《うり》をぬすむのではないかと思《おも》われる。このような、人《ひと》に疑《うたが》いを持《も》たれるようなことはするな、という意味《いみ》。

豆ちしき

「李《り》」はすもものことだよ。すももの木《き》の下《した》で曲《ま》がっている冠《かんむり》を直《なお》そうとして手《て》を上《あ》げたら、すももをぬすもうとしていると誤解《ごかい》されてしまう。このことから、人《ひと》から疑《うたが》われることは、しないほうがよい、という意味《いみ》だよ。

外《がい》国《こく》のことわざ

学問《がくもん》に王道《おうどう》なし

意味 学問《がくもん》は、基本《きほん》から順《じゅん》に学《まな》んでいくものなので、一度《いちど》にすべてを理解《りかい》できる特別《とくべつ》な方法《ほうほう》はない、という教《おし》え。古代《こだい》エジプトの王《おう》が、学者《がくしゃ》ユークリッドに質問《しつもん》した時《とき》の答《こた》えからできたことわざ。「王道《おうどう》」は、王様《おうさま》のための特別《とくべつ》な道《みち》。

習慣《しゅうかん》は第二《だいに》の天性《てんせい》なり

意味 習慣《しゅうかん》は、生《う》まれてから身《み》につくが、生《う》まれつき持《も》つ天性《てんせい》のように、その人《ひと》の行動《こうどう》に影響《えいきょう》をあたえる。つまり、習慣《しゅうかん》は、生《う》まれつきの性質《せいしつ》のようになるので重要《じゅうよう》だ、ということ。古代《こだい》ギリシャの哲学者《てつがくしゃ》、ディオゲネスの言葉《ことば》から。

すべての道《みち》はローマに通《つう》ず

意味 昔《むかし》、イタリアを中心《ちゅうしん》に栄《さか》えた古代《こだい》ローマ帝国《ていこく》では、世界各地《せかいかくち》からの道《みち》がローマに通《つう》じていたことからできたことわざ。①やり方《かた》はちがっても、行《い》き着《つ》く目的《もくてき》は同《おな》じだ、②一《ひと》つの正《ただ》しい知識《ちしき》は、あらゆることに通用《つうよう》する、ということ。

便《たよ》りのないのはよい便《たよ》り

意味 何《なに》も便《たよ》りがないのは、知《し》らせるような変《か》わったことがないからで、相手《あいて》が無事《ぶじ》に過《す》ごしている証拠《しょうこ》だ、ということ。イギリスのことわざから。

鉄《てつ》は熱《あつ》いうちに打《う》て

意味 鉄《てつ》は熱《あつ》いうちでないと加工《かこう》できない、ということからできたことわざ。①ものごとは、熱意《ねつい》があるうちに進《すす》めないとうまくいかない、②人間《にんげん》は大人《おとな》になる前《まえ》に、きたえておくほうがよい、ということ。イギリスのことわざから。

転石《てんせき》苔《こけ》を生《しょう》ぜず

意味 谷川《たにがわ》でいつも転《ころ》がっている石《いし》には苔《こけ》が生《は》えない、ということからできたことわざ。①むやみに転職《てんしょく》したり、引《ひ》っこしてばかりいると何《なに》も身《み》につかない、②常《つね》に活動《かつどう》している人《ひと》は、時代《じだい》おくれにならず、魅力的《みりょくてき》だ、ということ。古代《こだい》ギリシャのことわざから。

必要《ひつよう》は発明《はつめい》の母《はは》

意味 不便《ふべん》や不自由《ふじゆう》を感《かん》じ、必要《ひつよう》にせまられて新《あたら》しい方法《ほうほう》が考《かんが》えられた結果《けっか》、発明《はつめい》が生《う》まれる、という意味《いみ》。もとは、イギリスの小説《しょうせつ》の中《なか》にあった言葉《ことば》だと言《い》われている。類 **窮《きゅう》すれば通《つう》ず** （⇩131ページ）

豚《ぶた》に真珠《しんじゅ》

意味 豚《ぶた》に真珠《しんじゅ》をあたえても、そのありがたみがわからないように、値打《ねう》ちのわからない者《もの》に貴重《きちょう》なものをあたえてもむだだ、ということ。聖書《せいしょ》の中《なか》で、キリストが弟子《でし》に言《い》った言葉《ことば》。類 **ねこに小判《こばん》** （⇩65ページ）

目《め》からうろこが落《お》ちる

意味 あることがきっかけとなり、突然《とつぜん》ものごとをよく知《し》るようになることのたとえ。もとは、聖書《せいしょ》にあった言葉《ことば》。パウロという人《ひと》は、ある日《ひ》、目《め》が見《み》えなくなってしまった。ところが、目《め》からうろこのようなものが落《お》ちて、もう一度《いちど》見《み》えるようになり、キリストの弟子《でし》になった、という話《はなし》から。

例外《れいがい》のない規則《きそく》はない

意味 どんな規則《きそく》であっても、それをあてはめられないときが必《かなら》ずあり、例外《れいがい》としてあつかうことが必要《ひつよう》になる、ということ。イギリスのことわざから。

ローマは一日《いちにち》にしてならず

意味 昔《むかし》、イタリアを中心《ちゅうしん》に栄《さか》えた古代《こだい》ローマ帝国《ていこく》は、多《おお》くの努力《どりょく》と長《なが》い時間《じかん》をかけてできあがった。同様《どうよう》に、大《おお》きな仕事《しごと》をなしとげようとすれば、それなりの労力《ろうりょく》と時間《じかん》がかかるものだ、という教《おし》え。

二兎《にと》を追《お》う者《もの》は一兎《いっと》をも得《え》ず

意味 二羽《にわ》の兎《うさぎ》をとろうとして一羽《いちわ》もとれないように、同時《どうじ》に二《ふた》つのことを欲《よく》ばってもどちらも成功《せいこう》しない、ということ。

お買《か》い物《もの》につきあってくれたから、好《す》きなものをおごってあげる。
じゃあ、ケーキ！
やっぱり、おしるこもいいな。
三十分後《さんじっぷんご》
どっちも食《た》べたいよ。
もう、早《はや》く決《き》めなさい！
あら？もうこんな時間《じかん》、今日《きょう》は帰《かえ》りましょう。
そんな〜。
COFFEE

類 虻蜂《あぶはち》とらず（⇩116ページ）

反 一石二鳥《いっせきにちょう》

一《ひと》つの石《いし》を投《な》げて、二羽《にわ》の鳥《とり》を落《お》としてとらえるように、一《ひと》つのことをして、一度《いちど》に二《ふた》つのものを手《て》に入《い》れることのたとえ。

へこたれないぞ

失敗《しっぱい》をしたり、うまくいかないことがあっても、落《お》ちこんでばかりはいられないね。どんなことがあってもへこたれないで、明《あか》るく前向《まえむ》きな気《き》持《も》ちになれることわざを、集《あつ》めてみたよ。

雨《あめ》降《ふ》って地《じ》固《かた》まる

意味

困難《こんなん》やもめごとがあった後《あと》で、かえってものごとがよい状態《じょうたい》になること。

使い方

校庭《こうてい》のグラウンドをめぐって、となりのクラスの人《ひと》たちと言《い》い争《あらそ》いになったけれど、「雨《あめ》降《ふ》って地《じ》固《かた》まる」で、これからは、仲良《なかよ》く交代《こうたい》で使《つか》うように、話《はな》し合《あ》って別《わか》れた。

類

いさかい果《は》てての契《ちぎ》り

けんかがすんで、仲良《なかよ》くなることを言《い》う。「いさかい」は、言《い》い争《あらそ》いや、口《くち》げんかのこと。

豆ちしき

雨《あめ》でどろどろになった地《じ》面《めん》は、かわくと、前《まえ》よりもしっかり固《かた》まることからできたことわざだよ。悪《わる》いことが起《お》こっても、終《お》わってみれば、それ以前《いぜん》よりかえって落《お》ち着《つ》いてよくなることを言《い》うんだ。

今日《きょう》の当番《とうばん》はミカだろ。
この前《まえ》かわってやったんだから。
ちがうわ。お兄《にい》ちゃんの番《ばん》よ。
この前《まえ》のうめ合《あ》わせはしたよ。
表《ひょう》をつくればいいんだよ。交代《こうたい》するときも書《か》きこもう。
オーケー。
庭《にわ》のそうじ当番《とうばん》
ミカ
タロー
父《ちち》
母《はは》
月《げつ》
火《か》

争《あらそ》ったおかげで、よいアイデアが浮《う》かぶこともある。

犬《いぬ》も歩《ある》けば棒《ぼう》に当《あ》たる

意味

①出《で》しゃばると思《おも》いがけない災難《さいなん》にあう、②積極《せっきょく》的《てき》に行動《こうどう》すると、幸運《こううん》に出《で》あう、ということ。

使い方

となり町《まち》を散歩《さんぽ》してみた。「犬《いぬ》も歩《ある》けば棒《ぼう》に当《あ》たる」で、まんがたくさん置《お》いてある、いい書店《しょてん》を見《み》つけた。

関 犬《いぬ》↓犬《いぬ》が西向《にしむ》きゃ尾《お》は東《ひがし》

犬《いぬ》が西《にし》を向《む》くと、しっぽが東《ひがし》を向《む》いているのは当然《とうぜん》である、ということから、ごくあたりまえであることのたとえ。

関 犬《いぬ》↓犬《いぬ》に論語《ろんご》（⇩70ページ）

豆ちしき

犬《いぬ》も外《そと》をうろうろ歩《ある》いていると、棒《ぼう》でなぐられるようなひどい目《め》にあうことがある、というのがもとの意《い》味《み》だよ。今《いま》では、自分《じぶん》からすすんで行動《こうどう》すると幸運《こううん》に出《で》あう、というように、前《まえ》向《む》きな態度《たいど》をすすめる意味《いみ》で使《つか》うこともあるんだ。

散歩《さんぽ》に出《で》て、幸運《こううん》に出《で》あう?!

果《か》報《ほう》はねて待《ま》て

意味
あせらないで、向《む》こうから幸運《こううん》がやって来《く》るのをじっと待《ま》つほうがよい、という意味《いみ》。

使い方
弟《おとうと》は、午後《ごご》から受験《じゅけん》の合格発表《ごうかくはっぴょう》があるのに、結果《けっか》を心配《しんぱい》する様子《ようす》は全《まった》くない。「果報《かほう》はねて待《ま》て」だと言《い》って、朝《あさ》からのんびりテレビを見《み》ている。

類 **たなからぼたもち**
おいしいぼたもちが、たなから目《め》の前《まえ》に落《お》ちてくるように、思《おも》いがけない幸運《こううん》を手《て》に入《い》れることをいう。

反 **まかぬ種《たね》は生《は》えぬ**（⇩34ページ）

豆ちしき
「果報《かほう》」は、よい知《し》らせのことだよ。幸《しあわ》せは、がむしゃらに動《うご》いても得《え》られるものではないので、あせらずに運《うん》が向《む》いてくるのを待《ま》つのがよい、という意《い》味《み》なんだ。「運《うん》はねて待《ま》て」とも言《い》うよ。

窮《きゅう》すれば通《つう》ず

意味

困《こま》りはてても、そこからぬけ出《だ》す方法《ほうほう》を求《もと》め続《つづ》ければ、きっとよい解決策《かいけつさく》が見《み》つかる、ということ。

使い方

図書館《としょかん》やインターネットで調《しら》べているけれど、自《じ》由研究《ゆうけんきゅう》のテーマが決《き》まらない。でも、「窮《きゅう》すれば通《つう》ず」で、提出日《ていしゅつび》ぎりぎりに、急《きゅう》にひらめいた。

類 **必要《ひつよう》は発明《はつめい》の母《はは》**（⇩123ページ）

関 **窮《きゅう》する⬇窮《きゅう》すれば濫《らん》す**

心《こころ》がせまく徳《とく》のない人《ひと》は、追《お》いつめられると、とり乱《みだ》して、悪《わる》いこともしてしまう、ということ。

豆ちしき

「窮《きゅう》する」とは、行《ゆ》きづまってどうにもならない状態《じょうたい》まで追《お》いこまれることを言《い》うんだ。そうなってしまうと、かえっていい考《かんが》えが浮《う》かんで、なんとかなるものだ、という教《おし》えだね。

おごる平家《へいけ》は久《ひさ》しからず

意味

権力《けんりょく》を持《も》っているからといって、勝手《かって》にふるまう人《ひと》は長《なが》くは栄《さか》えず、必《かなら》ずほろびる、ということ。

使い方

三年連続《さんねんれんぞく》、市《し》のマラソン大会《たいかい》で優勝《ゆうしょう》した。でも、毎日《まいにち》の練習《れんしゅう》をさぼることはしない。「おごる平家《へいけ》は久《ひさ》しからず」だから。

類 満《み》つれば欠《か》ける

満月《まんげつ》になると、その後《あと》はだんだん欠《か》けていくように、人間《にんげん》も勝手《かって》にふるまったり、ぜいたくをしたりすると、いつかは落《お》ちぶれる、という意味《いみ》。

豆ちしき

「平家《へいけ》」は、平安時代《へいあんじだい》に勢力《せいりょく》のあった武士《ぶし》の一族《いちぞく》だよ。ぜいたくな暮《く》らしをして、わがままにふるまったせいで、すぐに源氏《げんじ》という別《べつ》の勢力《せいりょく》にほろぼされたんだ。「おごる」は、ぜいたくをしていばることを言《い》うよ。「おごる者《もの》は久《ひさ》しからず」とも言《い》うんだ。

タロー君《くん》、バレンタインのチョコよ。
わたしのも受《う》け取《と》って。
キャーッ
ずっとモテ続《つづ》けるとは限《かぎ》らない……。
今年《ことし》もチョコは……。
ハルキ君《くん》、チョコよ。
おいおい、今年《ことし》はぼくにはないの？

勝《か》ってかぶとの緒《お》をしめよ

意味

勝《か》ったり成功《せいこう》したりしても、気《き》をぬかないで、用《よう》心《じん》しなさい、という教《おし》え。

使い方

一回戦《いっかいせん》は楽勝《らくしょう》だったので、みんな、はしゃいでいた。その時《とき》、今《いま》こそ「勝《か》ってかぶとの緒《お》をしめよ」だと、かんとくが言《い》った。

関 **勝負《しょうぶ》⬇勝負《しょうぶ》は時《とき》の運《うん》**

勝《か》ち負《ま》けはその時《とき》の運《うん》によるものなので、勝《か》ったからといって思《おも》い上《あ》がったり、負《ま》けたからといって落《お》ちこむこともない、ということ。

豆ちしき

「かぶと」は、武士《ぶし》が戦《たたか》いのとき、頭《あたま》にかぶったもので、「緒《お》」は、かぶとのひものこと。戦《たたか》いに勝《か》って、かぶとをぬごうとひもをほどいたところで、敵《てき》におそわれたら、ひとたまりもないから、用心《ようじん》しなさい、ということだよ。

優勝《ゆうしょう》バンザーイ！

翌日《よくじつ》
来年《らいねん》の優勝《ゆうしょう》に向《む》けて練習《れんしゅう》だ!!
一日《いちにち》くらい休《やす》もうよー。

気《き》をぬかないことが、勝利《しょうり》のコツ。

けがの功名《こうみょう》

意味

失敗《しっぱい》や、なにげなくしたことが、たまたまよい結《けっ》果《か》を生《う》むこと。

使い方

授業《じゅぎょう》で使《つか》うプリントが見《み》あたらず、部屋《へや》じゅうを探《さが》していた。すると、お母《かあ》さんに大《おお》そうじをしていると思《おも》われ、とてもほめられた。まさに、「けがの功名《こうみょう》」だ。

関 けが⬇骨《ほね》折《お》り損《ぞん》のくたびれもうけ

苦労《くろう》するばかりで、なんの成果《せいか》もなく、つかれだけが残《のこ》ることのたとえ。「骨《ほね》を折《お》る」は、力《ちから》をつくすこと。

豆ちしき

そのつもりでしたのではないのに、立派《りっぱ》なことをしたような結果《けっか》になることを言《い》うんだ。「けが」は、失敗《しっぱい》やなにげなくしたことだね。「功名《こうみょう》」は、手《て》がらを立《た》てて、名《な》をあげることだよ。

知《し》らぬが仏《ほとけ》

意味

知《し》れば腹《はら》が立《た》つけれども、何《なに》も知《し》らなければ、心《こころ》がおだやかでいられる、という意味《いみ》。

使い方

妹《いもうと》は、うなぎがきらいなはずだけど、混《ま》ぜご飯《はん》の中《なか》に入《はい》っているのは知《し》らずに食《た》べている。教《おし》えるのはやめておこう。「知《し》らぬが仏《ほとけ》」だ。

類 聞《き》けば聞《き》き腹《ばら》

聞《き》かなければ知《し》らないですむことを、たまたま聞《き》いてしまったために、腹《はら》が立《た》つ、ということ。「聞《き》けば聞《き》き損《ぞん》」とも言《い》う。

豆ちしき

知《し》ってしまえば、腹《はら》が立《た》ったり気《き》にかかったりすることでも、何《なに》も知《し》らなければ、心配《しんぱい》したりなやんだりしなくていいよね。そうすると、仏《ほとけ》さまのように、心《こころ》が広《ひろ》くておだやかな気持《きも》ちでいられる、という意味《いみ》だよ。

苦《くる》しいときの神《かみ》だのみ

意味

ふだんは信《しん》じていないのに、苦《くる》しいときだけ、神《かみ》さまに助《たす》けを求《もと》めること。

使い方

いつもは、話《はな》しかけてこないのに、テストの前《まえ》になると、たよりにしてくる人《ひと》がいる。「苦《くる》しいときの神《かみ》だのみ」は、ちょっとずるいなあ。

関 神《かみ》⬇さわらぬ神《かみ》にたたりなし

神《かみ》さまにかかわらなければ、そのたたりを受《う》けることがないように、よけいな手出《てだ》しをしなければ、わざわいを受《う》けることもない、という教《おし》え。

豆ちしき

自分《じぶん》が困《こま》ったときだけ、都合《つごう》よく、神《かみ》さまにたよることだね。ほかにも、ふだんは知《し》らん顔《かお》をしている人《ひと》に、自分《じぶん》が困《こま》ったときだけ、たよろうとする場合《ばあい》にも使《つか》うことがあるよ。「困《こま》ったときの神《かみ》だのみ」とも言《い》うね。

お兄《にい》ちゃん、まだおいのりしてるよ。
明日《あす》のサッカーの試合《しあい》、どうしても勝《か》ちたいんだって。

どうしても神《かみ》さまにたよりたいときがある。

失《しっ》敗《ぱい》は成《せい》功《こう》のもと

意味
たとえ失敗《しっぱい》しても、その原因《げんいん》を考《かんが》えて反省《はんせい》することで、次《つぎ》は成功《せいこう》することができる、ということ。

使い方
かくし芸大会《げいたいかい》の時《とき》、手品《てじな》で大失敗《だいしっぱい》をしてしまった。どこがいけなかったのか考《かんが》えて、次《つぎ》こそは必《かなら》ず成功《せいこう》したい。「失敗《しっぱい》は成功《せいこう》のもと」だ。

類 しくじるは稽古《けいこ》のため
上達《じょうたつ》するには、失敗《しっぱい》を積《つ》み重《かさ》ねなければならない、ということ。失敗《しっぱい》したときの負《ま》けおしみとして使《つか》うこともある。

類 七転《ななころ》び八起《やお》き （⇩144ページ）

豆ちしき
失敗《しっぱい》をしたら、その理由《りゆう》を考《かん》えて対策《たいさく》を練《ね》ることが、次《つぎ》に成功《せいこう》するための助《たす》けになるんだ。失敗《しっぱい》した人《ひと》をはげますときに、このことわざを使《つか》うことが多《おお》いね。「失敗《しっぱい》は成功《せいこう》の母《はは》」とも言《い》うよ。

やあ！
あっ、また失敗《しっぱい》。
タイミングの問題《もんだい》ね。次《つぎ》はだいじょうぶ。
いつになったら食《た》べられるの？

失敗《しっぱい》を乗《の》りこえてこそ、成功《せいこう》が……。

人事《じんじ》をつくして天命《てんめい》を待《ま》つ

意味

やるだけのことをやったら、後《あと》はいさぎよく結果《けっか》を待《ま》ち、どんな結果《けっか》でも後悔《こうかい》しない、ということ。

使い方

家《いえ》で飼《か》っているねこが、大《おお》けがをしたので、応急《おうきゅう》手当《てあて》をして大急《おおいそ》ぎで病院《びょういん》に連《つ》れて行《い》った。待合室《まちあいしつ》にいる間《あいだ》、「人事《じんじ》をつくして天命《てんめい》を待《ま》つ」の心境《しんきょう》だった。

類

天《てん》は自《みずか》ら助《たす》くる者《もの》を助《たす》く

天《てん》は、他人《たにん》にたよらず、自分《じぶん》の力《ちから》で困難《こんなん》を乗《の》りこえようとする人《ひと》に力《ちから》を貸《か》す、という意味《いみ》。

豆ちしき

人間《にんげん》として、できることをすべて行《おこな》ったなら、後《あと》は、神《かみ》さまに任《まか》せなさい、ということだね。「天命《てんめい》」は、天《てん》の神《かみ》さまが決《き》める、人《ひと》の運命《うんめい》のことだよ。

捨《す》てる神《かみ》あれば拾《ひろ》う神《かみ》あり

意味

だれかに相手《あいて》にされなくても、その一方《いっぽう》で、認《みと》めて助《たす》けてくれる人《ひと》もいる、ということ。

使い方

サッカーのクラブは満員《まんいん》で、入《はい》るのを断《ことわ》られてしまった。でも、「捨《す》てる神《かみ》あれば拾《ひろ》う神《かみ》あり」で、思《おも》いがけず、バスケットのクラブにさそわれた。

類 **わたる世間《せけん》に鬼《おに》はない**

世《よ》の中《なか》には、鬼《おに》のように冷《つめ》たい人《ひと》ばかりでなく、やさしい思《おも》いやりを持《も》った人《ひと》が必《かなら》ずいる、ということ。

豆ちしき

世《よ》の中《なか》は広《ひろ》いから、困《こま》ったときに、相手《あいて》にしてくれない人《ひと》もいるけれど、助《たす》けてくれる人《ひと》もいるから、くよくよすることはない、という教《おし》えだよ。

七転《ななころ》び八起《やお》き

意味
何度《なんど》失敗《しっぱい》してもくじけず、がんばること。また、人生《じんせい》は、失敗《しっぱい》と成功《せいこう》のくり返《かえ》しであることのたとえ。

使い方
何度《なんど》シュークリームを焼《や》いても失敗《しっぱい》してしまう。でも、「七転《ななころ》び八起《やお》き」で、くじけずに挑戦《ちょうせん》し続《つづ》けて、ついに成功《せいこう》した。

類 **浮《う》き沈《しず》み七度《ななたび》**
人間《にんげん》の一生《いっしょう》は、よいときもあれば悪《わる》いときもあり、浮《う》き沈《しず》みをくり返《かえ》すものだ、ということ。

類 **失敗《しっぱい》は成功《せいこう》のもと** （⇩140ページ）

豆ちしき
七回転《ななかいころ》んでも八回起《はちかいお》き上《あ》がる、という意味《いみ》からできたことわざだよ。「転《ころ》ぶ」は失敗《しっぱい》のことだね。何度《なんど》失敗《しっぱい》しても、へこたれないで、がんばろう、ということなんだ。人生《じんせい》にはよいときも悪《わる》いときもある、という意《い》味《み》もあるよ。

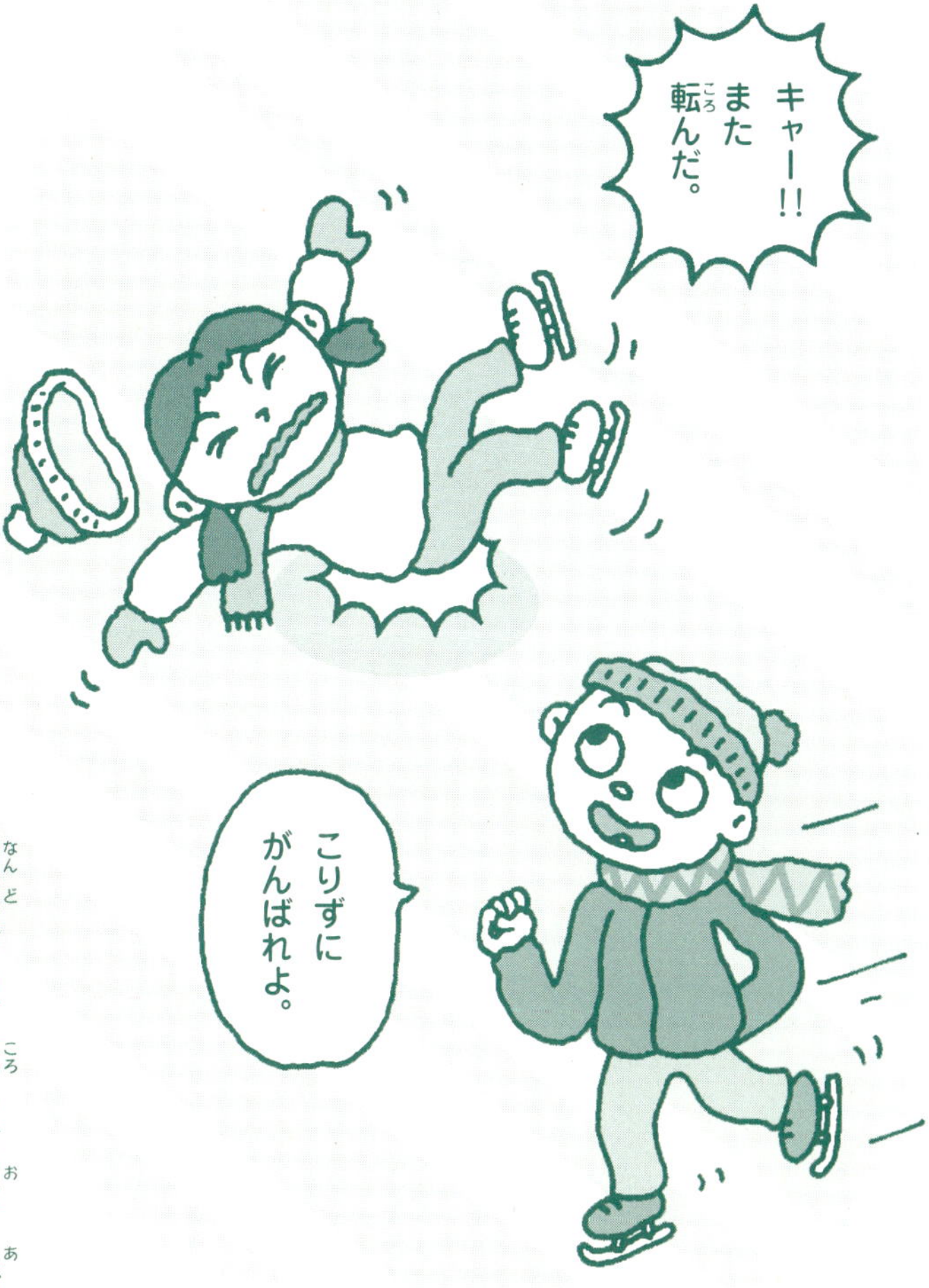
キャー!!
また転《ころ》んだ。
こりずにがんばれよ。

何度《なんど》でも、転《ころ》んで起《お》き上《あ》がろう。

待《ま》てば海路《かいろ》の日和《ひより》あり

意味 今《いま》はうまくいかなくても、気長《きなが》に待《ま》っていれば、やがてよいときがめぐってくる、という教《おし》え。

使い方 昼間《ひるま》は、募金《ぼきん》の集《あつ》まりが悪《わる》かったけれど、夕方《ゆうがた》になって、どんどん協力《きょうりょく》してくれる人《ひと》が増《ふ》えた。「待《ま》てば海《かい》路《ろ》の日和《ひより》あり」だ。

類 **あらしの後《あと》にはなぎが来《く》る**
あせらずに待《ま》っていれば、幸運《こううん》がおとずれることのたとえ。「なぎ」は、風《かぜ》がやんで波《なみ》がおだやかになること。

類 **果報《かほう》はねて待《ま》て**（⇩130ページ）

豆ちしき
「海路《かいろ》」は、海上《かいじょう》にある船《ふね》の通《とお》り道《みち》のことで、「日和《ひより》」は、よい天気《てんき》のことだよ。今《いま》はあらしでも、待《ま》っていれば船旅《ふなたび》に適《てき》した天候《てんこう》になる、という意味《いみ》。あきらめなければ必《かなら》ずチャンスがやって来《く》る、ということだね。

お父《とう》さーん、まだつれないの？
待《ま》て待《ま》て、あせるな。潮《しお》の流《なが》れが変《か》わってきたぞ。もうすぐだ。

気長《きなが》に待《ま》てば、きっとチャンスがめぐってくるはず……。

人間万事塞翁が馬《にんげんばんじさいおうがうま》

意味

幸《しあわ》せ、不幸《ふしあわ》せは、前《まえ》もってわからないので、そのたびに喜《よろこ》んだり悲《かな》しんだりしなくてよい、ということ。

使い方

足《あし》にけがをして、楽《たの》しみにしていた今年《ことし》の野球大《やきゅうたい》会《かい》には出《で》られなかった。でも、そのおかげで本《ほん》を読《よ》む時間《じかん》が増《ふ》えて、読書仲間《どくしょなかま》もできたから、「人《にん》間万事塞翁《げんばんじさいおう》が馬《うま》」だ。

類

禍福《かふく》はあざなえる縄《なわ》のごとし

不幸《ふこう》と幸福《こうふく》は、一本《いっぽん》の縄《なわ》であるかのように、ねじり合《あ》って交互《こうご》に変《か》わっていく、という意味《いみ》。

豆ちしき

おじいさんの馬《うま》がにげてしまったけれども、足《あし》の速《はや》い馬《うま》を連《つ》れて帰《かえ》って来《き》た。ところがその馬《うま》にむすこが乗《の》って、足《あし》にけがをした。でも、そのおかげで危《あぶ》ない戦争《せんそう》に行《い》かずにすんだ、という昔《むかし》の中国《ちゅうごく》の話《はなし》からできたことわざだよ。

残《のこ》り物《もの》に福《ふく》がある

意味

人《ひと》が選《えら》んで取《と》っていった後《あと》に、意外《いがい》によいものが残《のこ》っている、という意味《いみ》。

使い方

お祭《まつ》りで、アイスキャンデーを配《くば》っていた。ぼくのは最後《さいご》の一本《いっぽん》だったけれど、当《あ》たりが出《で》てもう一本《いっぽん》もらえた。確《たし》かに、「残《のこ》り物《もの》に福《ふく》がある」。

類 **余《あま》り茶《ちゃ》に福《ふく》がある**

余《あま》り物《もの》、人《ひと》の残《のこ》した物《もの》にも、思《おも》わぬよいものがある、という意味《いみ》。「余《あま》り茶《ちゃ》」は、茶《ちゃ》づつなどに残《のこ》っているわずかな量《りょう》のお茶《ちゃ》の葉《は》のこと。

豆ちしき

遠《えん》りょ深《ぶか》い人《ひと》には思《おも》いがけない幸運《こううん》がおとずれるものだ、ということなんだ。何《なに》かをもらう順番《じゅんばん》がおそい人《ひと》に、なぐさめの言葉《ことば》として使《つか》うこともあるよ。

楽《らく》あれば苦《く》あり

意味

楽《たの》しいことの後《あと》には、つらいことがあったり、楽《らく》をしていると、後《あと》で苦労《くろう》をする、という意味《いみ》。

使い方

楽《たの》しい夏休《なつやす》みが始《はじ》まった。思《おも》いっきり遊《あそ》べて夢《ゆめ》のような毎日《まいにち》だったけれど、残《のこ》ったのは宿題《しゅくだい》の山《やま》。三十一日《さんじゅういちにち》までに、一気《いっき》に終《お》わらせるのはつらいなぁ。「楽《らく》あれば苦《く》あり」だ。

類

楽《らく》は苦《く》の種《たね》、苦《く》は楽《らく》の種《たね》

楽《らく》をすると後《あと》で苦《くる》しむし、今《いま》の苦労《くろう》は将来《しょうらい》の楽《らく》につながるのだから、努力《どりょく》をおしんではならない、という教《おし》え。

豆ちしき

楽《たの》しいことの次《つぎ》には必《かなら》ず苦《くる》しいことがあり、よいことばかりは続《つづ》かない、ということ。なまけて暮《く》らしていると、後《あと》になって苦労《くろう》する、といういましめでもあるんだ。「苦《く》あれば楽《らく》あり」とも言《い》うよ。

笑《わら》うかどには福《ふく》来《きた》る

意味

いつも楽《たの》しそうな笑《わら》い声《ごえ》の絶《た》えない家《いえ》には、自然《しぜん》と幸福《こうふく》がやって来《く》る、という意味《いみ》。

使い方

近所《きんじょ》のクリーニング屋《や》さんは、いつもにこにこしていて、明《あか》るい。「笑《わら》うかどには福来《ふくきた》る」で、お店《みせ》もはんじょうしているらしい。

関

笑《わら》う⬇泣《な》いて暮《く》らすも一生《いっしょう》、笑《わら》って暮《く》らすも一生《いっしょう》

悲《かな》しんで暮《く》らそうと、明《あか》るく笑《わら》って暮《く》らそうと、同《おな》じ一生《いっしょう》に変《か》わりはないのだから、苦労《くろう》の多《おお》い人生《じんせい》でも、前向《まえむ》きに楽《たの》しく暮《く》らすほうがよい、ということ。

豆ちしき

「かど」は、家《いえ》や一族《いちぞく》のことだよ。苦《くる》しみや悲《かな》しみにあっても、希望《きぼう》を持《も》って明《あか》るく暮《く》らしていれば、幸《しあわ》せはやって来《く》る、という意味《いみ》もあるんだ。「笑《わら》う家《いえ》に福来《ふくきた》る」とも言《い》うね。

衣《い》のことわざ

衣食《いしょく》足《た》りて礼節《れいせつ》を知《し》る

意味 人間《にんげん》は、生活《せいかつ》にゆとりができて初《はじ》めて、礼儀《れいぎ》に心《こころ》を向《む》ける余《よ》ゆうができる、ということ。「衣食《いしょく》」は、衣服《いふく》や食《た》べ物《もの》のことで、暮《く》らしそのものを表《あらわ》す。「礼節《れいせつ》」は、礼儀《れいぎ》作法《さほう》と節度《せつど》のこと。

紺屋《こうや》の白袴《しろばかま》

意味 専門家《せんもんか》は、人《ひと》のためにばかり仕事《しごと》をしているので、自分《じぶん》のことはおろそかになる、というたとえ。「紺屋《こうや》」は「こんや」とも読《よ》み、染《そ》め物屋《ものや》さんのこと。お客《きゃく》さんの染《そ》め物《もの》にいそがしくて、自分自身《じぶんじしん》は、なんの色《いろ》にも染《そ》めていない白《しろ》い袴《はかま》をはいている、という意味《いみ》から。

ない袖《そで》はふれぬ

意味 いくら助《たす》けを求《もと》められても、能力《のうりょく》や物《もの》がなくてどうすることもできない状態《じょうたい》のたとえ。袖《そで》をふりたくても、袖《そで》がなければ、ふることができない、という意味《いみ》から。

二足《にそく》のわらじをはく

意味 一人《ひとり》の人間《にんげん》が、二《ふた》つの職業《しょくぎょう》をかねることを言《い》う。本来《ほんらい》は、職業《しょくぎょう》が全《まった》く異《こと》なる場合《ばあい》に使《つか》われるが、最近《さいきん》は単《たん》に二《ふた》つのちがう職業《しょくぎょう》や地位《ちい》の場合《ばあい》にも使《つか》う。「わらじ」は、わらで作《つく》った昔《むかし》のはき物《もの》のこと。

人《ひと》のふんどしで相撲《すもう》をとる

意味 自分《じぶん》の力《ちから》ではなく、人《ひと》の力《ちから》や物《もの》を使《つか》って、自分《じぶん》の利益《りえき》になるようなことをするたとえ。人《ひと》のふんどしを借《か》りて、相撲《すもう》をとる様子《ようす》から。

食《しょく》のことわざ

あつものにこりてなますをふく

意味 一度《いちど》失敗《しっぱい》したことにこりて、しなくてもいい用心《ようじん》をすること。「あつもの」は熱《あつ》い吸《す》い物《もの》、「なます」は冷《つめ》たい酢《す》の物《もの》のこと。熱《あつ》い吸《す》い物《もの》でやけどしたのにこりて、冷《つめ》たい酢《す》の物《もの》にまで用心《ようじん》して、ふうふうふいて冷《さ》まそうとする様子《ようす》から。

たで食《く》う虫《むし》も好《す》きずき

意味 人《ひと》の好《す》ききらいは、さまざまだ、ということ。からくて食《た》べづらい「たで」の葉《は》っぱを気《き》に入《い》って食《た》べる虫《むし》もいる、という意味《いみ》から。

武士《ぶし》は食《く》わねど高《たか》ようじ

意味 どんなに貧《まず》しくても、自分《じぶん》のほこりを守《まも》って、みっともないことはしないたとえ。「高《たか》ようじ」は、つまようじをゆっくり使《つか》うこと。武士《ぶし》は貧《まず》しくて食《しょく》事ができなくても、人前《ひとまえ》では、食事《しょくじ》が今終《いまお》わったようなふりをする、という意味《いみ》から。

道草《みちくさ》を食《く》う

意味 ある所《ところ》に行《い》くとちゅうで、ほかのことをして時間《じかん》をとること。また、とちゅうでほかのことをして、時間《じかん》をむだにしてしまうたとえ。馬《うま》が道《みち》ばたの草《くさ》を食《た》べて、前《まえ》に進《すす》んでくれない様子《ようす》から。

名物《めいぶつ》にうまいものなし

意味 その土地《とち》の有名《ゆうめい》な食《た》べ物《もの》は、評判《ひょうばん》とはちがって、おいしくないことが意外《いがい》と多《おお》い、ということ。評判《ひょうばん》の高《たか》いものに、本当《ほんとう》によいものは少《すく》ないものだ、という場合《ばあい》にも使《つか》われる。

住《じゅう》のことわざ

郷《ごう》に入《い》っては郷《ごう》に従《したが》う

意味 しきたりや習慣《しゅうかん》は、それぞれの地方《ちほう》で異《こと》なるので、自分《じぶん》の住《す》んでいる地方《ちほう》のやり方《かた》に従《したが》うとよい、という教《おし》え。また、集団《しゅうだん》の一員《いちいん》になったら、その中《なか》で行《おこな》われているものごとのやり方《かた》に従《したが》いなさい、という意味《いみ》もある。

住《す》めば都《みやこ》

意味 住《す》み始《はじ》めた時《とき》には、不便《ふべん》で暮《く》らしにくいと思《おも》った場所《ばしょ》でも、長《なが》く住《す》んで慣《な》れてしまうと、自分《じぶん》にとっていちばんよい所《ところ》だと思《おも》うようになる、という意味《いみ》。

遠《とお》い親《しん》せきより近《ちか》くの他人《たにん》

意味 いざというときには、遠《とお》くはなれた所《ところ》に住《す》んでいる親《しん》せきよりも、近《ちか》くに住《す》んでいる他人《たにん》のほうが、かえってたよりになる、ということ。ふだんから、近所《きんじょ》づきあいを大切《たいせつ》にしなさい、という教《おし》え。

となりの花《はな》は赤《あか》い

意味 ほかの人《ひと》の物《もの》はなんでもよく見《み》えて、うらやましく思《おも》うことのたとえ。となりの家《いえ》にさいている赤《あか》い花《はな》が、自分《じぶん》の家《いえ》の花《はな》より美《うつく》しく見《み》えてしまう、という意味《いみ》から。

ひさしを貸《か》して母屋《おもや》をとられる

意味 人《ひと》に親切《しんせつ》にしてあげたのに、裏切《うらぎ》られること。家《いえ》の一部《いちぶ》を貸《か》しただけなのに、いつの間《ま》にか、家《いえ》を全部《ぜんぶ》とられてしまうことから。「ひさし」は、家《いえ》の出入《でい》り口《ぐち》や窓《まど》の上《うえ》につき出《だ》している、小《ちい》さな屋根《やね》。

類 **飼《か》い犬《いぬ》に手《て》をかまれる** （⇩64ページ）

わざわいを転《てん》じて福《ふく》となす

意味 不幸《ふこう》なことが起《お》こっても、かえってそれをうまく利用《りよう》して、幸《しあわ》せになるようにすることのたとえ。

下《した》がきもできたし、色《いろ》をぬっていこう。
うわっ。
せっかくの絵《え》が……。でもスタンプみたいでおもしろい。
ユニークな絵《え》ですな。
うれしい。
金
ミカ

類 わざわいは福《さいわい》

災難《さいなん》が、かえって幸《しあわ》せのもととなることもある、という意《い》味《み》。「禍《か》も福《ふく》の端《たん》となる」とも言《い》う。

類 失敗《しっぱい》は成功《せいこう》のもと （⇩140ページ）

さくいん

あ

相手《あいて》のないけんかはできぬ……51
青菜《あおな》に塩《しお》……72
青《あお》は藍《あい》より出《い》でて
藍《あい》より青《あお》し……14
悪事千里《あくじせんり》を走《はし》る……94
当《あ》たってくだけよ……10
頭《あたま》かくしてしりかくさず……36
仇《あだ》を恩《おん》で報《ほう》ずる……50
暑《あつ》さ寒《さむ》さも彼岸《ひがん》まで……73
あつものにこりて
なますをふく……153
後足《あとあし》で砂《すな》をかける……36
後《あと》は野《の》となれ山《やま》となれ……46
虻蜂《あぶはち》とらず……116
雨垂《あまだ》れ石《いし》をうがつ……15
余《あま》り茶《ちゃ》に福《ふく》がある……149
雨降《あめふ》って地固《じかた》まる……126
あらしの後《あと》にはなぎが来《く》る……146
案《あん》ずるより産《う》むがやすい……10

い

言《い》うは易《やす》く行《おこな》うは難《かた》し……38
いさかい果《は》ての契《ちぎ》り……126
砂《いさご》も長《ちょう》じて巌《いわお》となる……28
石《いし》に立《た》つ矢《や》……12
石《いし》の上《うえ》にも三年《さんねん》……12
石橋《いしばし》をたたいてわたる……91
衣食足《いしょくた》りて礼節《れいせつ》を知《し》る……152
急《いそ》がば回《まわ》れ……68
一年《いちねん》の計《けい》は元旦《がんたん》にあり……20
一《いち》を聞《き》いて十《じゅう》を知《し》る……94
一生《いっしょう》の計《けい》は
少壮《しょうそう》の時《とき》にあり……20
一寸先《いっすんさき》はやみ……102
一寸《いっすん》の虫《むし》にも五分《ごぶ》の魂《たましい》……94
一石二鳥《いっせきにちょう》……124
犬《いぬ》が西向《にしむ》きゃ尾《お》は東《ひがし》……128
犬《いぬ》に論語《ろんご》……70
犬《いぬ》も歩《ある》けば棒《ぼう》に当《あ》たる……128
井《い》の中《なか》のかわず大海《たいかい》を知《し》らず……96
いわしの頭《あたま》も信心《しんじん》から……118

う

魚心《うおごころ》あれば水心《みずごころ》……64
浮《う》き沈《しず》み七度《ななたび》……144
牛《うし》の歩《あゆ》みも千里《せんり》……15
うそも方便《ほうべん》……78
鵜《う》のまねをするからす……64
馬《うま》の耳《みみ》に念仏《ねんぶつ》……70

え

絵《え》にかいたもち……21
えびでたいをつる……64
縁《えん》の下《した》の力持《ちからも》ち……44

お

おごる平家《へいけ》は久《ひさ》しからず……132
己《おのれ》の欲《ほっ》せざるところは
人《ひと》に施《ほどこ》すことなかれ……45
帯《おび》に短《みじか》したすきに長《なが》し……74
おぼれる者《もの》はわらをもつかむ……103
思《おも》い立《た》ったが吉日《きちじつ》……22
思《おも》えば思《おも》わるる……66
恩《おん》を仇《あだ》で返《かえ》す……50

か

飼《か》い犬《いぬ》に手《て》をかまれる……64
学問《がくもん》に王道《おうどう》なし……122
火中《かちゅう》の栗《くり》を拾《ひろ》う……35
勝《か》ってかぶとの緒《お》をしめよ……134
かっぱの川流《かわなが》れ……106
瓜田《かでん》に履《くつ》を納《い》れず……121
禍福《かふく》はあざなえる
縄《なわ》のごとし……148
かべに耳《みみ》あり
しょうじに目《め》あり……36
果報《かほう》はねて待《ま》て……130
かめの甲《こう》より年《とし》の劫《こう》……64
艱難汝《かんなんなんじ》を玉《たま》にす……27
堪忍袋《かんにんぶくろ》の緒《お》が切《き》れる……58

き

聞《き》いて極楽《ごくらく》見《み》て地獄《じごく》……79
聞《き》くと見《み》るとは大《おお》ちがい……79

聞《き》くは一時《いっとき》のはじ、
聞《き》かぬは一生《いっしょう》のはじ……108
聞《き》けば聞《き》き腹《ばら》……137
きじも鳴《な》かずばうたれまい……98
窮《きゅう》すれば通《つう》ず……131
窮《きゅう》すれば濫《らん》す……131

く

薬《くすり》も過《す》ぎれば毒《どく》となる……84
口《くち》から出《で》れば世間《せけん》……52
口《くち》では大阪《おおさか》の城《しろ》も建《た》つ……38
口《くち》はわざわいの元《もと》……98
苦《くる》しいときの神《かみ》だのみ……138
君子《くんし》危《あや》うきに近寄《ちかよ》らず……16

け

経験《けいけん》は学問《がくもん》にまさる……33
芸《げい》は身《み》の仇《あだ》……76
芸《げい》は身《み》を助《たす》ける……76
けがの功名《こうみょう》……136
けんか両成敗《りょうせいばい》……51

こ

光陰《こういん》矢《や》のごとし……18
後悔《こうかい》先《さき》に立《た》たず……100
郷《ごう》に入《い》っては郷《ごう》に従《したが》う……154
弘法《こうぼう》も筆《ふで》の誤《あやま》り……109
高木《こうぼく》は風《かぜ》に折《お》らる……90
紺屋《こうや》の白袴《しろばかま》……152
氷《こおり》は水《みず》より出《い》でて
水《みず》より寒《さむ》し……14
虎穴《こけつ》に入《い》らずんば
虎子《こじ》を得《え》ず……16
心安《こころやす》いは不和《ふわ》のもと……42
五十歩百歩《ごじっぽひゃっぽ》……94
転《ころ》ばぬ先《さき》のつえ……104

さ

歳月《さいげつ》人《ひと》を待《ま》たず……18
さるも木《き》から落《お》ちる……106
去《さ》る者《もの》は追《お》わず……40
去《さ》る者《もの》は日々《ひび》にうとし……40
さわらぬ神《かみ》にたたりなし……138
三十六計《さんじゅうろっけい》にげるにしかず……94
三人《さんにん》行《おこな》えば
必《かなら》ずわが師《し》あり……56
三人《さんにん》寄《よ》れば文殊《もんじゅ》の知恵《ちえ》……56

し

しくじるは稽古《けいこ》のため……140
親《した》しき中《なか》にも礼儀《れいぎ》あり……42
失敗《しっぱい》は成功《せいこう》のもと……140
しゃくしは耳《みみ》かきの
代《か》わりにならず……85
習慣《しゅうかん》は第二《だいに》の天性《てんせい》なり……122
朱《しゅ》に交《まじ》われば赤《あか》くなる……57
春眠《しゅんみん》暁《あかつき》を覚《おぼ》えず……73
正直《しょうじき》は一生《いっしょう》の宝《たから》……78
上手《じょうず》の手《て》から水《みず》がもる……109
勝負《しょうぶ》は時《とき》の運《うん》……134
知《し》らずば人《ひと》に問《と》え……108
知《し》らぬが仏《ほとけ》……137
次郎《じろう》にも太郎《たろう》にも足《た》りぬ……74
人事《じんじ》をつくして
天命《てんめい》を待《ま》つ……142

す

好《す》きこそ物《もの》の上手《じょうず》なれ……26
過《す》ぎたるはなお
及《およ》ばざるがごとし……84
すずめ百《ひゃく》までおどり忘《わす》れず……95
捨《す》てる神《かみ》あれば拾《ひろ》う神《かみ》あり……143
すべての道《みち》はローマに通《つう》ず……122
住《す》めば都《みやこ》……154

せ

急《せ》いては事《こと》をしそんじる……68
切《せつ》ないときは
いばらをもつかむ……103
背《せ》に腹《はら》は代《か》えられぬ……36
船頭《せんどう》多《おお》くして、船《ふね》、山《やま》に登《のぼ》る……110
善《ぜん》は急《いそ》げ……22
前門《ぜんもん》の虎《とら》、後門《こうもん》のおおかみ……65
千里《せんり》の道《みち》も一歩《いっぽ》より……24

そ

袖《そで》ふり合《あ》うも他生《たしょう》の縁《えん》……62
備《そな》えあればうれいなし……114

た

大賢《たいけん》は愚《ぐ》なるがごとし……48
大《だい》は小《しょう》をかねる……85
高《たか》きに登《のぼ》るには低《ひく》きよりす……24
他山《たざん》の石《いし》……54
畳《たたみ》の上《うえ》の水練《すいれん》……21
立《た》つ鳥《とり》あとをにごさず……46
たで食《ぐ》う虫《むし》も好《す》きずき……153
たなからぼたもち……130
玉《たま》みがかざれば光《ひかり》なし……27
便《たよ》りのないのはよい便《たよ》り……122

ち

知恵《ちえ》と力《ちから》は重荷《おもに》にならぬ……44
忠言耳《ちゅうげんみみ》に逆《さか》らう……88
ちょうちん持《も》ち足《あし》もと暗《くら》し……80
ちりも積《つ》もれば山《やま》となる……28

つ

角《つの》をためて牛《うし》を殺《ころ》す……65
つまずく石《いし》も縁《えん》の端《はし》……62
つるの一声《ひとこえ》……110

て

手塩《てしお》にかける……36
鉄《てつ》は熱《あつ》いうちに打《う》て……122
出《で》る杭《くい》は打《う》たれる……90
転石苔《てんせきこけ》を生《しょう》ぜず……123
天《てん》は自《みずか》ら助《たす》くる者《もの》を助《たす》く……142

と

灯台《とうだい》もと暗《くら》し……80
道理《どうり》に向《む》かう刃《やいば》なし……60
遠《とお》い親《しん》せきより近《ちか》くの他人《たにん》……154
読書百《どくしょひゃっ》ぺん意《い》おのずから通《つう》ず……32
となりの花《はな》は赤《あか》い……154
飛《と》ぶ鳥《とり》の献立《こんだて》……112
とらぬたぬきの皮算用《かわざんよう》……112
虎《とら》の威《い》を借《か》るきつね……65
どろぼうを見《み》て縄《なわ》をなう……114
どんぐりの背《せい》くらべ……94
飛《と》んで火《ひ》に入《い》る夏《なつ》の虫《むし》……116
とんびに油《あぶら》あげをさらわれる……65

な

ない袖《そで》はふれぬ……152
泣《な》いて暮《く》らすも一生《いっしょう》、笑《わら》って暮《く》らすも一生《いっしょう》……151
泣《な》き面《つら》に蜂《はち》……115
なくて七《なな》くせ、あって四十八《しじゅうはち》くせ……95
情《なさ》けは人《ひと》のためならず……66
七転《ななころ》び八起《やお》き……144
生兵法《なまびょうほう》は大《おお》けがのもと……120
生物知《なまものし》り川《かわ》へはまる……120
なめくじに塩《しお》……72
習《なら》うより慣《な》れろ……33
習《なら》わぬ経《きょう》は読《よ》めぬ……63

に

にがした魚《さかな》は大《おお》きい……118
にげるが勝《か》ち……86
二足《にそく》のわらじをはく……152
二度《にど》あることは三度《さんど》ある……95
二兎《にと》を追《お》う者《もの》は一兎《いっと》をも得《え》ず……124
人間万事塞翁《にんげんばんじさいおう》が馬《うま》……148

ぬ

濡《ぬ》れぬ先《さき》のかさ……104

ね

ねこに小判《こばん》……65
念《ねん》には念《ねん》を入《い》れよ……91

の

能《のう》ある鷹《たか》はつめをかくす……48
残《のこ》り物《もの》に福《ふく》がある……149
のどもと過《す》ぎれば熱《あつ》さを忘《わす》れる……37
のれんにうでおし……37

は

花《はな》の下《した》より鼻《はな》の下《した》……82
花《はな》よりだんご……82
早起《はやお》きは三文《さんもん》の得《とく》……95
腹《はら》が減《へ》ってはいくさはできぬ……37
腹八分目《はらはちぶんめ》に医者《いしゃ》いらず……95
針《はり》の穴《あな》から天《てん》をのぞく……96
春植《はるう》えざれば秋実《あきみの》らず……34

ひ

ひさしを貸《か》して母屋《おもや》をとられる……154
必要《ひつよう》は発明《はつめい》の母《はは》……123
人《ひと》のうわさも七十五日《しちじゅうごにち》……95
人《ひと》の口《くち》に戸《と》は立《た》てられぬ……52
人《ひと》のふり見《み》てわがふり直《なお》せ……54
人《ひと》のふんどしで相撲《すもう》をとる……152
火《ひ》に油《あぶら》を注《そそ》ぐ……92
火《ひ》のない所《ところ》にけむりは立《た》たぬ……92
百聞《ひゃくぶん》は一見《いっけん》にしかず……30

ふ

覆水盆《ふくすいぼん》に返《かえ》らず……100
武士《ぶし》は食《く》わねど高《たか》ようじ……153
豚《ぶた》に真珠《しんじゅ》……123

へ

下手《へた》の横好《よこず》き……26

ほ

仏《ほとけ》の顔《かお》も三度《さんど》……58
骨折《ほねお》り損《ぞん》のくたびれもうけ……136

ま

まかぬ種《たね》は生《は》えぬ……34
負《ま》けるが勝《か》ち……86
待《ま》てば海路《かいろ》の日和《ひより》あり……146

み

水《みず》は方円《ほうえん》の器《うつわ》に従《したが》う……57
道草《みちくさ》を食《く》う……153
満《み》つれば欠《か》ける……132
実《みの》るほど頭《こうべ》を垂《た》れる稲穂《いなほ》かな……37

む

無理《むり》が通《とお》れば道理《どうり》引《ひ》っこむ……60

め

名物《めいぶつ》にうまいものなし……153
目《め》からうろこが落《お》ちる……123
目《め》くそ鼻《はな》くそを笑《わら》う……37
目《め》の上《うえ》のたんこぶ……37

も

桃栗三年柿八年《ももくりさんねんかきはちねん》……35
門前《もんぜん》の小僧《こぞう》習《なら》わぬ経《きょう》を読《よ》む……63

や

焼《や》け石《いし》にすずめのなみだ……93
焼《や》け石《いし》に水《みず》……93
やみ夜《よ》に鉄《てっ》ぽう……102

ゆ

夕立《ゆうだち》は馬《うま》の背《せ》を分《わ》ける……65

よ

弱《よわ》り目《め》にたたり目《め》……115

ら

楽《らく》あれば苦《く》あり……150
楽《らく》は苦《く》の種《たね》、苦《く》は楽《らく》の種《たね》……150

り

李下《りか》に冠《かんむり》を正《ただ》さず……121
良薬《りょうやく》は口《くち》に苦《にが》し……88

れ

例外《れいがい》のない規則《きそく》はない……123

ろ

ローマは一日《いちにち》にしてならず……123
論語読《ろんごよ》みの論語知《ろんごし》らず……32
論《ろん》より証拠《しょうこ》……30

わ

わが身《み》をつねって人《ひと》の痛《いた》さを知《し》れ……45
わざわいは福《さいわい》……155
わざわいを転《てん》じて福《ふく》となす……155
わたる世間《せけん》に鬼《おに》はない……143
笑《わら》うかどには福来《ふくきた》る……151

どりむ社

一般書籍や教育図書、情報誌、社史などの企画・編集・出版をはじめ、教育関連事業システムおよび学習システムの企画、開発、運営、管理など、幅広い活動を展開。特に、教育関連事業は得意分野であり、時代を反映した教育理念のもと、常に一歩先を見据えた教材を提案し、実現している。

主な発行物として、塾用教材『「ザ★作文」教室』『「ザ★読書」教室』など。2000年より、作文力・文章力を評価する検定『作・文・検』を年2回実施。「1日10分ドリル」シリーズとして、『1年生の作文』『2年生の作文』『3年生の作文』『4年生の作文』『1年生の漢字』『2年生の漢字』『3年生の漢字』『4年生の漢字』（PHP研究所）などがある。

〒530-0045　大阪市北区天神西町8-17　［TEL］06-6313-8001
URL　http://www.dorimu-web.com

本文イラスト…カワキタ・カズヒロ
　　　　　　　浜崎さくら
表紙イラスト…カワキタ・カズヒロ
装　　幀………小山比奈子

教科書によく出る！
小学生のことわざ絵《え》事《じ》典《てん》

2004年4月19日　第1版第1刷発行
2013年7月3日　第1版第24刷発行

編　者　どりむ社　編集部
発行者　安藤　卓
発行所　株式会社ＰＨＰ研究所
京都本部　〒601-8411 京都市南区西九条北ノ内町11
［内容のお問い合わせは］教育出版部　☎075-681-8732
［購入のお問い合わせは］普及グループ　☎075-681-8818
印刷所　図書印刷株式会社

落丁・乱丁本の場合は、送料弊所負担にてお取り替えいたします。
ISBN4-569-63426-5